20代で「その他大勢」から抜け出す名言105

桑原晃弥

経済界新書 048

まえがき

二〇代だった頃の自分を振り返ると、ただただ生きるのに夢中だった。

人生を山登りにたとえれば、二〇代はまだ二合目あたりである。本当にけわしい岩場や急坂は先のことで、今思えば花咲く豊かな森の中を歩いていたのだが、なにしろ視界がきかない。峰《みね》は遠くにかすみ、道はいくえにも分かれていた。

知識にも経験にも頼れず、不安だった。

そんな時代を支えてくれたのが、先輩や上司からかけられたなにげない言葉であった。その中には今でも座右《ざゆう》の銘《めい》になっているものがあり、感謝してもしきれない。

決して名言と呼べるようなしゃれた言葉ではないのだ。先人たちが「若い時には、いつだってこれが大切なんだ」と代々引き継いできた知恵そのもののような、ストレートな言葉であった。

おそらく先人たちもみな、同じような言葉を支えに、二合目から山の中腹へと歩《ほ》を進めていったのである。だから、身にしみるのだ。実学として役立ったのである。

私が言葉の持つそんな力をはっきり意識するようになったのは、四〇代になってからだ。

きっかけは二つある。

一つは、トヨタ式（トヨタ生産方式）の普及や定着にかかわる中で、トヨタ式の基礎を築いた大野耐一《おおのたいいち》さんの言葉に出会ったことだ。日々激動するものづくりの現場から生まれた言葉の力強さに感銘を受けた。

もう一つはアップル創業者、スティーブ・ジョブズの言葉の魔力に魅せられたからだ。「世界を変える」「宇宙に衝撃を与える」といった、それまで自分が使ったことのない言葉が、実際に人を動かし、人生を成功に導くことを知った。

この二人は、今でこそ「偉人」「天才」と呼ばれている。だが、彼らの生きざまを知ると、「破壊者」と非難されて悩み、「独裁的」と反発されて苦しんできたことがわかる。私たちと同じように、試行錯誤《しこうさくご》の人生を送ってきた。

その試行錯誤のただ中で生まれた言葉だから、言葉だけを羅列《られつ》したいわゆる名言集の中に収めると、十分に輝かない。どんな状況で、どんな思いから発せられたかを知った時、初めて力を発揮し始める。

私自身も、必死に生きる人が発する現実の言葉が大好きだ。そういう言葉を真ん中に置いた本を、これまで数多く世に出してきた。

しかし、それらはいわゆる名言集とは異なっている。言葉と、その言葉を発した人たちの人生案内を組み合わせた自己啓発《けいはつ》書として書いてきた。

近現代を代表する一流人たちを取り上げた本書でも、その点を大切にした。成功者たちが二〇代の頃にどんな生き方をし、なぜ、その言葉を叫んだのかを端的に示してある。

中には、本人が発した言葉でないものもある。二〇代は先輩や上司からかけられた言葉を自分の知恵として生かす時期だから、その人の転機となった大切なひと言であれば、残さず収録した。

私自身が二〇代の頃に出会いたかった言葉が集まったと思う。

今は会社の人間関係が希薄化《きはくか》し、働き方も多様化したために、かつてのように先輩や上司が手取り足取り教えてくれる場面が少なくなった。だからこそ、少しでも多くの言葉を本書で知ってほしいと思う。そのうえでインターネットの名言集や、巻末にあげた参考書籍も活用すれば、大きな力を得られるだろう。

若い人を取り巻く環境は決してやさしいものではない。日本という国全体が苦闘している。少子高齢化も急速に進む。そんな中で明るい未来を思い描くことは、たやすくはないだろう。

だが、人生で最も大きな夢と可能性があるのは、二〇代である。

一人でも多くの人が、明日、明後日、そして未来へと開ける長い時間に対して、情熱と希望を持っていただければ、これにまさる幸せはない。

桑原《くわばら》 晃弥《てるや》

目次 ◎ 20代で「その他大勢」から抜け出す名言105

第2章 20代は「信頼関係づくり」を訓練する時だ
――人間関係が広がる中できずなを見つける

第3章 20代は「一生の勉強術」を身につける時である
——この時の工夫が一生ものを言う

第4章　20代は経験値を高める「挑戦」の時だ
——10年間は成果よりも成長に徹する

第5章　20代は「自分」に最大の投資をする時である
——忙しさにただ流されてはならない

第6章 20代は「お金」といいつき合いを始める時だ
——殖やし方も使い方も覚えておく

第7章　20代は「傷つきながら成長する」時である

——「若気の至り」は一生の財産になる

第９章　20代は「強み」を一心不乱に磨く時である
――「ないものねだり」は断ち切っておこう

第10章　20代は「一生を貫くキーワード」を得る時だ
——不運にめげない自分をつくる

第1章

20代は「新しい習慣を始める」時である

——人とは違う自分だけの世界を持つ

1

群れから抜け出すためには、与えられた質問の枠を超えて考える必要がある。

GE元会長　ジャック・ウェルチ

ジャック・ウェルチは「伝説のCEO（最高経営責任者）」と呼ばれている。日本企業との競争に敗れて衰退していた名門電機メーカーのGE（ゼネラル・エレクトリック）を、CEO（兼会長）在任中の二〇年で「世界最強、最大の複合企業」へと大変身させた。

ウェルチの経営の根幹は、優劣をつけることにある。優秀な事業や人は徹底して優遇し、それ以外はばっさりと切り捨てる。差をつけることが素晴らしいビジネスを育て、スターを生み出すと考えるからである。

こう考えるようになったきっかけは、二〇代なかばの経験にある。GE入社後一年で年俸が一千ドル（一二万円。一ドル一二〇円換算。以下同）昇給して喜んだのだが、実は同僚たちも同額の昇給をしていることを知ったのだ。

無性《むしょう》に腹が立った。自分は人一倍働いている。なのに「ひと山いくら」としか見られていないのか。不満をつのらせたウェルチは、退社を決意して上司に辞意を伝えた。

それを慰留《いりゅう》したのが、上司のボスであったルーベン・ガトフだ。ガトフは、ウェルチを高く評価していた。自分の質問に対して、ウェルチがいつも期待以上の答えをするからだ。

上司は部下に質問する時、答えを用意している。その範囲内で答えては、「ひと山いくら」の部下である。ウェルチは違った。資料を調べ上げ、すごい答えを必ず用意していた。

ウェルチはガトフに引き留められ、さらなる昇給と権限を得る。そして**「群れから抜け出すためには、与えられた質問の枠を超えて考える必要がある」**と確信し、自分もガトフのように、頭角を現した人を優遇するようになったのである。

2

人間は自分で自分に無理難題を出さない。けれど他人はやるんです。

音楽家　坂本《さかもと》　龍一《りゅういち》

坂本龍一は東京芸術大学在学中に結婚したこともあり、若い頃は酒場でピアノを弾くアルバイトなどで生活費を稼いでいた。時給はよかった。だが、大切な音楽で安易にお金を稼ぐことは、トラウマになるほどつらい経験だった。

スーパー音楽グループＹＭＯ（イエロー・マジック・オーケストラ）の結成によって、そんな「音楽フリーター」生活からは抜け出せた。しかし、YMOは一九八三年に解散してしまう。坂本に飛躍をもたらしたのが、映画『戦場のメリークリスマス』（大島渚《おおしまなぎさ》監督）や、『ラストエンペラー』（監督ベルナルド・ベルトルッチ）での成功だった。いずれも役者として参加しただけでなく、音楽も担当することになったのである。

ただ、『戦場の……』では映像と音楽の関係を徹底分析することで初の体験を乗り越えたものの、『ラスト……』では常軌《じょうき》を逸した依頼に苦しんだ。当初の制作期間は一週間。これは不可能である。なんとか二週間に延ばしてもらったが、それもムチャだった。

だが、こうしたムリな依頼と格闘することで自分の限界を広げられたと坂本は言っている。「**人間は自分で無理難題を出すことはない。『われに七難八苦《しちなんはっく》を与えたまえ』なんて思う人はほとんどない。けれど他人はやるんです。思いもつかない仕事をやれと言われたら、まず自分をそこに投げ込むことです**」と。

社会では無理難題を押しつけられることが少なくない。それがパワーハラスメントなのか、自分への期待の表れなのかは、見方が分かれるところだろう。だが、「できるか」と聞かれて「できます」と言うことで、やり抜く力が伸びることは決して少なくない。

3

どんな仕事にも下積みの時代がある。僕もそれをしておかないと長続きしない、プロとして通用しないと思いました。

脚本家　倉本《くらもと》　聰《そう》

テレビドラマの名作『北の国から』などで知られる倉本聰は、東京大学を卒業後、ニッポン放送に就職、ディレクターをしながらラジオドラマのシナリオを手がける。その一方でテレビのシナリオも書き始めた。心の底に、単なるシナリオライターで終わりたくない、一生に一本くらい映画化できる作品を書きたいという思いがあった。

とはいえ、二つの仕事をこなすのは、当然のことながらムチャクチャに忙しかった。ほとんど寝る暇がない。睡眠わずか二時間の生活が二年間も続いた。

苦労はそれだけでは終わらない。二八歳でニッポン放送を退社し、シナリオライターとして独立してからも、どんな注文にも応えることを自分に課している。日活と契約して映画のシナリオを書く一方で、東映でポルノめいた映画のシナリオも書いた。猛烈に働いた。いわば「量の時代」である。

だが、「量は質に転化する」と言うように、すさまじい仕事をする中で人間としても成長し、オリジナルで書きたいテーマも出てくるようになった。そして、世間に認められるようになっていった。「**どんな仕事にも下積みの時代があるように、僕もそれをしておかないと長続きしない、プロとして通用しないと思いました**」と倉本は言っている。

誰でも、すぐに結果を出したい。だが、あせってはいけない。どんな仕事にも、黙々と経験を重ねる時代、耐える時代がある。そこを経て人は自分の世界を確立していくのだ。倉本はこうも話している。「世間から抜きん出るには、やっぱりどこかで無理をしないといけない。だから、僕は睡眠時間二時間だった時期のめちゃくちゃな無理が財産ですね」。

4

I think（思う）ではなく、I know（わかっている）。

投資家　ジム・ロジャース

アクティブな活動ぶりから「冒険投資家」とも呼ばれているジム・ロジャースは、二七歳で、「世界で最も有名な投資家」ジョージ・ソロスの相棒としてファンド（投資信託）の運用を始めた。一九八〇年に三七歳で引退するまでの運用利回りは、実に三三六五％と言われる。アメリカの代表的な株価指数であるＳ＆Ｐ（エスアンドピー）500の上昇率が同時期に四七％であったことからも、ロジャースの手腕の高さがよくわかる。

引退後も、バイクや車で世界を旅するなど自分の目と足で世界の生きた情報を入手、個人として投資実績を上げ続けている。

若い頃からロジャースのやり方は一貫している。徹底して細部まで調べ尽くすのである。手に入るすべての財務諸表に目を通し、細かい注意書きも見落とさない。これだけで、ウォール街のアナリスト（財務分析家）たちの九九・五％に先んじることができるという。

しかも、それで終わりではない。自分の足を使って数字を検証する。その会社の顧客、取引先、ライバル企業、会社に影響力を持つ人などにまで話を聞く。**「I think（思う）ではなく、I know（わかっている）」**と言えるようになるまで突き詰める。

「この株は上がると思う」には推定や個人的な期待が混じるが、「この株は上がるとわかっている」は確固とした事実であろう。もちろん「わかっている」と言えるまでには大変なハードワークが必要だが、ここまで言えて初めて投資で成功できるのである。

どんな仕事でも同じだ。とりあえずできる範囲で調査、準備を行うのでは不十分であり、人に差をつけられない。徹底した調査、準備が、人に差をつける武器となる。

5

グチったり我慢したりしているだけでなく、そこに問題を探し当てる。

キッコーマン元会長　茂木《もぎ》 友三郎《ゆうざぶろう》

醤油《しょうゆ》業界最大手のキッコーマンで社長、会長を務めた茂木友三郎が同社に入社したのは、一九五八年。コンピュータ時代にはまだまだ遠い「そろばん」の時代だった。ほどなくMBA（経営学修士）取得のためにアメリカに留学したが、帰国後もやはり集計作業などには、そろばんが使われていた。

茂木はそろばんが苦手である。使うのが嫌で仕方なかった。夜遅くまで残業しても数字が合わない。こんな端数《はすう》は会社に影響ないのに、と腐っていた。

そんな時、道は二つに分かれる。練習をしてそろばんの達人になるか、別の道を切り開くかである。茂木は後者を選ぶ。そろばんの代わりにコンピュータの導入を考えたのだ。

もちろん簡単にはいかない。他部署のそろばんが苦手な仲間を集めた。すると意外に多いことがわかった。それを背景にジワリジワリと上司を説得し、ようやく導入に成功した。これが、食品業界では最も早いコンピュータ化になったという。

以来、茂木は、自分が「おかしい」と感じた事柄には、ほかの人も潜在的に不満を持っているものだと考えるようになった。不満を感じても変えようとしない人が多いが、「**グチったり我慢したりしているだけがよい社員ではなく、そこに問題を探し当てる発想が仕事人を鍛える**」と言っている。

仕事をしていると「つらい」「しんどいな」と感じることが少なくない。それを不満のまま放置するか、それとも改善につなげるか。これは働き方の分岐点の一つである。自分を無理に押し殺していると、仕事そのものが嫌になってしまうことがあるのだ。

6

成功させるための計画を五つ六つは用意する。

実業家　ドナルド・トランプ

ドナルド・トランプはアメリカを代表する「不動産王」である。ニューヨーク五番街の超高層ビル「トランプ・タワー」など、ビルに自分の名を冠することで有名だ。

トランプの父親も不動産で成功した人物だ。だが、父親がニューヨーク市のクイーンズやブルックリンといった住宅街で堅実な仕事をしていたのに対し、トランプは、同じニューヨーク市でも、金融街ウォールストリートを擁《よう》する経済と文化の中心地マンハッタンを舞台に、でかいビジネスをしたいと考えた。そして、ペンシルベニア大学卒業とともに、蓄えていた二〇万ドル（二二〇〇万円）を元手にマンハッタンに乗り込んだ。

経験も人脈もなく、野望だけが大きい若者だったが、無謀なギャンブラーではなかった。**「取引に臨む場合、これを成功させるための計画を少なくとも五つか六つは用意する。どんなによく練った計画でも、途中で何が起こるかわからないからだ」**と考えていた。

苦い経験があったからである。マンハッタンで鉄道の操車場跡地を手に入れ、ニューヨーク市から補助金を得て住宅を建設する計画を進めていた時、市が財政難におちいり、補助金が打ち切られてしまったのだ。トランプは急いでコンベンション・センター用地にする計画に切り替え、二年間かけて、なんとか建設に漕《こ》ぎつけた。

以来、トランプは最初から複数の計画を考えるようになった。トランプ・タワーの際も、許可が下りなければオフィスビルに変更する予定だった。トランプは浮き沈みの激しい人物だが、それでもやってこられたのは、若い頃から「Ａ案がダメならＢ案、Ｂ案がダメならＣ案」と複数の案を用意しておく習慣があったためでもある。

7

私は絶え間なく情報を学び、頭に入れています。

騎手　武《たけ》　豊《ゆたか》

武豊は日本に競馬ブームを巻き起こしたスタージョッキー（騎手）である。

成績はもちろんすごい。日本競馬の頂点である日本ダービーで五勝を上げたのは、歴代騎手の中で武一人だ。海外進出も早く、一九九四年には日本人初の海外GⅠ《ジーワン》（競馬の最高格づけ競走）ジョッキーとなっている。九五年には史上最速、最年少で通算一千勝を、二〇〇二年には同じく最速、最年少で通算二千勝を達成する。歴代最多勝利も手にするなど、数々の記録に輝く。家族や親戚にも騎手、調教師が多く、恵まれた環境である。

そんなエリートともいえる武が、騎手としてずっと心がけていることがある。国内外のどのような騎乗依頼があっても、いつでも応じられる準備を怠らないことだ。

「私は絶え間なく馬の血縁や情報を学び、頭に入れています」と語っている。

依頼を受けてからあわてて調べても、間に合わないことは多い。日頃から世界中のあらゆる馬の情報を学び続けてこそ、たとえば「数日後のレースにこの馬で出てほしい」と依頼された時、日程さえ合えば即座に返事ができる。たとえ騎乗したことはなくとも、その馬の個性だけは事前にしっかりとつかんでおこうと武は考えている。

そういう周到な準備を怠らなかったからこそ、武はスターであり続けることができた。

そんな日本のスタージョッキーといえども、海外に挑戦する不安はあったという。だが、アメリカ大リーグにたった一人で挑戦して活躍した野茂英雄《のもひでお》の姿を見て「自分の力を試し、それを楽しむ」ことの大切さを知り、積極的に出ていくようになった。武がアメリカで海外初勝利を上げたのは一九八九年、まだ二〇歳の時であった。

8

努力にも表と裏があって、「裏の努力」をするようにした。

野球解説者　桑田《くわた》 真澄《ますみ》

成功するアスリートは、恵まれた体格や身体能力を武器にする人と、それらには恵まれないが工夫と努力とで躍り出る人に大きく分けられる。

一九八〇年代前半に、高校野球の名門ＰＬ学園に黄金時代を築いた桑田真澄と清原和博《きよはらかずひろ》は、そういう好対照をなしていた。入学時の身長を見ても、桑田の一七四センチに対し、清原は一八八センチもあった。さらに投手陣には一九二センチの大型選手までいた。あまりに歴然とした体格差に、桑田は「これはダメだ。PL学園は俺なんかの来るところじゃなかった」と絶望し、入学一か月後には母親に転校を申し出ている。しかし、母親の励ましで翻意《ほんい》、人と自分を比較するのではなく、自分にできる限りの努力をしようと誓った。

その努力がちょっと変わっている。

「僕には努力しかないからね。母親の言葉で気づかされてからは、違う努力を見つけたんだよ。努力にも表と裏があって、『裏の努力』をするようにした」と言うのだ。

「表の努力」はもちろん野球の練習である。一方、「裏の努力」は、みんなが嫌がるトイレ掃除や草むしりなどをさす。「代わりに俺がやるよ」と買って出るほど打ち込んだ。

裏の努力と野球の実力は因果関係がないはずである。だが、やがて不思議なことに、野球でもいい結果が出始める。それが自信となり、野球もグンとうまくなった。

以来、プロ野球の巨人、そして大リーグのピッツバーグ・パイレーツへと進み、二三年間で一七三勝を上げるに至るのだ。試合中に技術を磨くことはできない。磨けるのは気持ちであり、気持ちは裏の努力でつちかわれるものだというのが、桑田の思いである。

9

自分で自分を評価するな。

伊藤忠商事元会長　丹羽《にわ》宇一郎《ういちろう》

丹羽宇一郎は伊藤忠商事の社長、会長を務めたあと、中華人民共和国の特命全権大使にも任命されている。そこまで活躍できたのは、名古屋大学を卒業して伊藤忠商事に入社後、しばらくして先輩に一喝されたことがきっかけである。

その頃の丹羽は屈折した社員だった。内心では司法試験を受けたいと思っており、仕事は要領よくすませ、上司の誘いは断っていた。仕事の多くを占める伝票の整理やテレックス（当時の商業通信手段）打ちを下働きだと軽んじ、恩師に「大学に戻りたい」という手紙まで書く一方で、仕事はきちんとこなしているというプライドだけは高い人物だった。

そんなある日、先輩にこう怒られた。**「お前は、自分はよくやっていると思っているだろう。だが、そんなのは人の目から見たらまったく違う。自分で自分を評価するな」**と。

この「自分で自分を評価するな」という言葉は、そのまま丹羽のモットーとなった。たいていの人は「自分はちゃんとやっている」と思い込んでいる。「なのに、なぜ評価されないのだ」と不満を抱えている。

そこに間違いがある。丹羽は、一〇〇点の仕事をした時、人は自分に一五〇点をつけるが、他人の評価はせいぜい七〇〜八〇点だということに気づいた。つまり、自分で自分を評価するだけの人間は、やがて不満が高じて努力を投げ出すことになる。

先輩の言葉を聞いた丹羽は、司法試験を忘れて猛烈に働くようになった。専門分野である穀物《こくもつ》については、学者に負けないほど勉強した。若い頃に甘い自己評価を捨てて必死に努力をした結果が、時間を経て実を結び、飛躍につながったのである。

10

がんばらないやつが現状維持できるのか。

俳優　大泉《おおいずみ》　洋《よう》

大泉洋は、ローカルタレントから全国区の俳優へと大ジャンプをした人物である。

北海道では、二〇歳の頃から売れっ子だった。大泉が出演する北海道テレビ放送制作のローカル深夜番組『水曜どうでしょう』が圧倒的な人気を誇っていたからだ。テレビで週五本、ラジオで週三本のレギュラー番組を抱えるようになり、「二〇代は無理せず『現状維持』をテーマに」やっていた。

大泉のトークのうまさは群を抜いている。言葉のチョイスも絶妙だ。無理せずとも笑いを取れるし、現状維持を目ざすだけでトップを走れると考えたとしても不思議ではない。

転機は『水曜どうでしょう』のレギュラー放送の終了である。

この番組は徐々に人気が広がり、番組自体が全国区になっていた。だが、大泉自身が東京に進出したわけではない。支柱ともいえる番組が終わり、大泉は「これでいいのか」と感じるようになった。「**がんばらないやつが現状維持できるのかって**」思うようになった。

ここから飛躍が始まる。ドラマや映画の仕事を求めて東京に出た。数をこなしたいと考えて、がむしゃらにがんばった。ドラマの仕事はすぐに結果が出る。よい評価だけでなく、悪い評価も聞こえてくる。一時は「街を歩くのが怖かった」ほどだった。

やがてがんばりは実り始める。NHK大河ドラマ『龍馬伝』への出演を果たし、『しあわせのパン』などで映画の主役もこなすなど、確固たる地位を築くことになった。

現状維持は後退と同じだ。まわりは常に進歩している。自分も必死に前進してこそ、やっとまわりとトントン程度なのだ。そこに気づくことが大泉のジャンピングだった。

11

「お前じゃないとダメなんだ」と言ってもらえるように努力する。

プロデューサー、作詞家　秋元康《あきもとやすし》

秋元康はこれまでに何度もトレンドをつくってきた。一九八〇年代には「おニャン子クラブ」、二〇〇〇年代後半は「AKB48」。いずれも大ブームである。作詞家としても、これらのグループの歌から、美空ひばりの『川の流れのように』まで、多くのヒットを手がけ、作詞家としての歴代売上ナンバーワンを記録している。

スタートは、高校時代にラジオ局に送った原稿が面白いと評価され、放送作家の仕事を始めたことからだ。中央大学の学生になった頃には何本ものレギュラー番組を抱えるプロとして認められていたから、才能はかなりのものだったのだろう。

そんな秋元は、当時から仕事の依頼がくるたびに「なぜ僕なのか」と考えていたという。放送作家の中には、秋元以上に経験や実績を持つ人も少なくない。その中から依頼されるのはなぜか。代役のきかない「秋元という個人への期待」があるからだ。「『**本当は誰でもよかったけれど、そこにお前がいたからだ**』と言われたらショックです。**だから、『これはお前じゃないとダメなんだ**』**と言ってもらえるように努力するのです**」と言っている。

これはあらゆる場で言えることだ。

たとえば上司から書類を頼まれる。仮に「誰でもいいけど」と頼まれたのだとしても、いやや、それだからこそ、誰にでもできるレベルを超える工夫をする。たとえば締切より早く仕上げる。「なるほど」と言わせる見出しをつける。そんな工夫の積み重ねが、信頼につながっていく。「多くの人たちの中から選ばれるためには、その人を語る見出し（強み、武器）が必要なのです」というのが、若き日の経験から出た秋元の言葉である。

12

見ている人は見ているのだから、いつも一生懸命でなくては。

野球解説者　野村《のむら》 克也《かつや》

野村克也は、戦後初の三冠王に輝くなど選手として偉大な成績を残し、監督としてもヤクルトスワローズを日本一に輝かせるなど素晴らしい業績を上げた野球人である。野球界の理論派としても知られているが、そんな野村にも師と仰ぐ人物がいる。評論家の草柳《くさやなぎ》大蔵《だいぞう》である。

四五歳で引退した時、野村にはテレビやラジオ、新聞、講演会などたくさんの仕事の依頼が殺到した。これまで野球一筋でやってきた野村にとって、どれもまったく未知の仕事だ。不安にとらわれ、最初の頃は講演で言葉が出ず、円形脱毛症にまでなったという。

そんな野村に草柳は、二つのアドバイスをした。一つは、「まず本を読みなさい」と、著名な漢学者である安岡正篤《やすおかまさひろ》の本を渡した。もう一つは、「**見ている人は見ているのだから、仕事はいつも一生懸命でなくてはならない**」という言葉を贈った。

野村はアドバイスに従ってたくさんの本を読み、わかりやすい解説を目ざして一所懸命に研究した。ストライクゾーンを九分割する「野村スコープ」なども考案した。

そんな野村の文章や解説をじっと見ていたのが、ヤクルトスワローズの社長・相《そう》馬《ま》和《かず》夫《お》だった。「うちを立て直せるのは野村さんしかいない」と監督就任を要請したのである。

今でこそこうした指名は珍しくないが、かつては、監督はそのチームのOBが多かった。野村は主として南海ホークス（今の福岡ソフトバンクホークス）で活躍した選手だ。ヤクルトとはまるで縁がなかった。それなのに監督を要請されたのは、まさに「見ている人は見ている」という言葉通りに、野村が努力を続けた結果だった。

◎文学の名言から　Ⅰ

毎日、自己の嫌いなことを二つずつ行う。

――イギリスの小説家サマセット・モーム

決心によって正しくあるのではなく、
習慣によって正しくあるようにならねばならない。

――イギリスの詩人ワーズワース

第２章

20代は「信頼関係づくり」を訓練する時だ

――人間関係が広がる中できずなを見つける

1

肩の荷は分かち合うものだよ。

東京海上火災保険元社長　石原《いしはら》　邦夫《くにお》

東京海上火災保険社長として活躍した石原邦夫は、管理職になったばかりのまだ若い頃、問題を一人で抱え込んで大いに苦しんだ時期がある。昇進までの仕事が高く評価され、成果も上げて自信がついていた。それが逆に災《わざわ》いした。「自分が会社を担《にな》う」と力が入りすぎてしまったのである。周囲と歯車がかみ合わなくなり、がんばりが空《から》回りするようになる。実績と自信が逆にプレッシャーになり、体調まで崩した。

そんな時、一人の先輩から、こう諭《さと》された。「**肩の荷は分かち合うものだよ。そうすることで仕事の内容や幅がもっと大きくなるから**」と。

この言葉は、そのまま石原自身の信念になった。

謙虚になって周囲を見渡せば、いろいろな能力を持った上司や先輩、同僚や部下がいた。にもかかわらず、自分一人ですべてを引き受けよう、弱音は吐けない、と気負っていた。

以来、石原は問題を分割して考えるようになった。この問題なら彼に頼めばいい。こっちの問題はあの人に相談してみよう。そうやって分かち合うと、周囲はいくらでも知恵を貸してくれた。誰も石原を責めたりしない。

仕事はチームプレーだということに改めて気づいた。どんなスタープレーヤーでも、たった一人で敵陣突破はできない。できたとしても長くは続かない。疲れ果ててしまう。

だが、みんなの力を動員して進むようにすると、足取りはぐっと軽くなる。周囲の人たちと感動や情熱が共有できるようになる。それは固いきずなとなって一生の財産になる。

のちに石原は東京海上日動火災保険の初代社長なども務め、名社長の座を確立した。

2

信頼しなきゃダメだよ。人を信頼できることは、人間性の問題ではなく、才能に関わることだ。

映画監督　山田《やまだ》 洋二《ようじ》

山田洋二は日本を代表する映画監督の一人だ。全四八作つくられた『男はつらいよ』シリーズや、『幸福の黄色いハンカチ』『たそがれ清兵衛』など多くのヒット作を持つ。

映画はチームの芸術である。中心にいるのは監督だが、まわりに集まる俳優、撮影や照明、美術、衣裳《いしょう》、スクリプター（記録）といった何十人ものプロフェッショナルが協力し合うことで、初めて一本の映画ができ上がる。だが、初監督を任せられた頃の若い山田はプレッシャーに押しつぶされ、それが見えなくなっていた。すべてを自分がやらなければといきり立ち、スタッフは監督の言うことを聞くのが当然だという姿勢になっていた。

山田は、師匠であり、『砂の器《うつわ》』『八つ墓村』などの名作で知られる野村芳太郎《のむらよしたろう》監督にアドバイスを求めた。野村はこう伝えた。

「スタッフを信頼しなきゃダメだよ。人を信頼できるということは、人間性の問題うんぬんではなく、才能に関わることだと思うよ」と。この言葉を胸に山田がつくったのが、最初の作品『二階の他人』だった。

以来、山田は、野村の言葉を忘れたことはない。のちに山田は、立命館大学と松竹、京都府が提携した「産学官連携プロジェクト」に立命館大学客員教授として参画、未来の映画人を育てるために、学生たちに実際に映画制作を体験させている。自分のスタッフも京都に呼んでつくり上げたのが、『京都太秦《うずまさ》物語』だった。

太秦はかつて多くの映画撮影所があり、映画を象徴する地名だ。このプロジェクトで山田が学生たちに最も伝えたかったのも「映画はチームの芸術」ということだった。

3

話せばわかる、私はそう信じています。

森ビル元社長　森《もり》稔《みのる》

森稔は、「六本木ヒルズ」「アークヒルズ」で知られる不動産会社、森ビルの実質的な創業者である。文学青年だったが、東京大学卒業後、父親の泰吉郎《たいきちろう》が設立した森ビルに取締役として入社し、不動産の世界に入っている。そして、堅実経営をしていた父親とは対照的に、積極経営に打って出た。それが六本木ヒルズをはじめとする東京の大規模再開発事業である。

こう見るとお気楽な二代目のようだが、そうでもない。大規模な再開発を行うためには、何百人もの地権者や近隣の人たちを説得する必要があるからだ。多数の関連会社や関連事業者への目配りも欠かせない。それをせずに強引に仕事を進めれば、いつかは大問題に直面することになる。森は、コツコツと信頼関係を築くタイプだった。

地権者や近隣の家などは、どこを訪ねても最初はまるで「侵略者」扱いをされる。門前払いも珍しくない。だが、森は親身になって話を聞き、相手の立場で問題を解決しようと知恵を絞った。そのうちに少しずつ糸口が見えてくるのが常だった。

そういう若い頃からの経験を通して、こう確信するようになった。「**話せばわかる、私はそう信じています。話してもわからないと考える人が多いようですが、それは相手の身になって話していないから。とことん話していないからです**」と。

不動産だけでなく、あらゆる仕事で大切だが厄介なのが、ステークホルダー（利害関係者）の了解を得ることだ。人は理由や意義は納得してくれても、自分の利害に関わるとなれば、簡単には納得してくれない。信頼を築く能力が仕事の突破口を開く。

4

必要なのはそこにいる人間を愛する能力。

ラグビー監督　大西《おおにし》　鐵之祐《てつのすけ》

早稲田大学ラグビー部監督に三度就任し、日本代表監督も務めた大西鐵之祐は「理論の人」として有名だ。一九五〇年代から外国の書物を翻訳しては理論を導入した。また、フルバックがラインに参加する「カンペイ（菅平）」や、体格の不利を補う「接近・展開・連続」など独自の理論を開発した。その成果ともいえるのが、一九六八年に敵地で強豪ニュージーランドのオールブラックス・ジュニアに勝利するという快挙だった。

ただし、大西は理論一辺倒ではなく、選手に対する温かさを持っていた。

いくら理屈が合っていても、それだけでは試合には勝てない。みんなの心が一つにまとまってこそ、勝利を手にできる。大西は選手に「片方の目は情熱に泣きぬれて、もう片方は氷のように冷めていろ」と訴えた。大試合の前には水杯《みずさかずき》を交わしたり、「死ぬ気のねえヤツはジャージを返してくれてもいい」と、わざと言い放って気持ちを鼓舞《こぶ》する面もあった。九割の理論に、一割の精神論を加えることを忘れなかった。

ある人が大西に、コーチに最も必要な資質を聞いたことがある。大西は「**そこにいる人間を愛する能力だ。これは天性なんだ。ない人間にはないんだよ**」と答えている。

これは、あらゆることに当てはまる。理論や手腕がすぐれていても、他者への関心が欠けていると、何にせよ長続きさせることはできない。きずなが結べないからだ。情熱で接し、時には全身全霊で接する「見返りを求めない愛情」は、人生に不可欠な能力である。

「とにかくやれ。やればできる」式の精神論一辺倒で人が動かないのは当然だ。一方、理論一辺倒でも人は本当には動かない。信頼というプラスアルファがぜひとも必要である。

5

交渉の究極の目的は、お互いが好感を抱き続け、かつ周囲からも悪く思われないこと。

フェイスブック最高執行責任者　シェリル・サンドバーグ

シェリル・サンドバーグは、アメリカ財務省首席補佐官、グーグル副社長を歴任し、フェイスブックCOO（最高執行責任者）を務める女性トップリーダーである。

そんなサンドバーグが「できる女は嫌われる」と、こんな心理学実験を例に出している。

ある女性起業家の成功物語を二つのグループに読ませる。一つのグループには女性名のまま読ませ、もう一つのグループには、女性名を男性名に変えて読ませる。すると、全員が「すごい人だ」と評価したものの、女性名で読んだグループのほうは、「でも、自己主張が強すぎる」「一緒に働きたくない」という感想を持ったという。

サンドバーグ自身も、同じようなことを周囲の人間から言われてきた。そして、できる女性はいい性格とは思われず、性格のいい女性は仕事ができないと思われる矛盾に悩んできた。社会にこうした不公平な見方があるため、女性は交渉でも不利な立場に置かれる。男性が強気でも、マイナスにはならない。当然だとされ、評価が上がることが多い。だが、女性は強気に出ると「厄介な女だ」と思われてしまうのだ。

サンドバーグは、そんなカベを打ち破るためもあって、フェイスブックにスカウトされた時、好条件を提示されたにもかかわらず、交渉相手の創業者マーク・ザッカーバーグに強気で交渉した。ただし「**交渉の究極の目的は、双方の目標を達成すると同時に、お互いが好感を抱き続け、かつ周囲からも悪く思われないことである**」と考えていたから、女性に求められる「気づかいを示すこと」「何につけても理由を示すこと」は慎重に守った。その結果、心配していたことは何ひとつ現実にならず、話はクリアに進んだのだった。

6

一緒にやりたいという他人の評価がなければ、前へ進めない。

ファーストリテイリング会長　柳井正《やないただし》

「ユニクロ」を展開するファーストリテイリングの柳井正は、早稲田大学卒業後に就職した会社ジャスコ（今のイオンリテール）を一年足らずで退社、地元の山口県宇部市に帰って、父親が経営する洋品店、小郡《おごおり》商事の経営に参画した。小郡商事は繁盛していたが、柳井は単なる家業ではなく、積極的に店を増やすビジネスをしたいと考えていた。

そうはいっても若い。周囲とぶつかることも多かった。さまざまな摩擦を通して、柳井は「**この人とだったら組んでいい仕事ができる、一緒にやりたい、という他人の評価がなければ前へ進めないのです**」と切実に思うようになった。そう思うようになってから仕事が伸び始めた。やがて「ユニークな衣料（クロージング）」の略称ユニクロをブランドに、広島市から店舗を展開し始めるのである。

若く自信のある人は自己評価が高く、往々にして「なぜ周囲は自分を認めないのか」と不満を抱いて苦しむものだ。そんなふうに気持ちが尊大だと、苦しむ割には成長しない。

柳井は「自分の評価は他人にしかできない」と考える。自分で自分を高く評価すること自体がそもそも間違いなのだ。成長する人は高い目標を掲げるから、自己評価をしたところで、どうしても低くなる。つまり謙虚である。謙虚だから成長する。そういう姿を見て、人は「この人となら」と協力し、ついてくるようになる。

仕事は一人で完結するものはほとんどなく、たいていは人と人が関わり、人から人へ受け渡されることで成立している。成果を上げるには、人からの評価が何より大切である。「人が認めてくれない」というのは、一種のわがままだと思ったほうがいい。

7

熱意は人から人へ伝わる。つくるのが楽しい製品は使うのも楽しい。

アップル元社員　アンディ・ハーツフェルド

一九八四年にアップルから発売された初代の「マッキントッシュ（マック）」は、コンピューターの歴史を変えただけでなく、世界を変えたとさえいわれる名機だ。アンディ・ハーツフェルドは、マック開発プロジェクトチームにおける主要メンバーだった。

開発チームは、ハーツフェルドも、ほかのメンバーも、ほとんどが二〇代の若者だった。

多くは大企業で巨大プロジェクトを経験したことなどない。中には専門教育さえ受けていないメンバーもいた。チームを率いるスティーブ・ジョブズが、職歴や学歴を無視し、才能とやる気にあふれたエンジニアやプログラマーを選《え》りすぐって集めたのだ。

なぜなら、目ざしていたのは競合製品に勝つというレベルではなく、技術的にも芸術的にもメチャクチャにすごい製品だったからだ。そんな極限を求める革命的プロジェクトに、経験や教育は役立たない。頼りは才能とやる気だけになる。

とはいえ、開発現場は過酷をきわめた。その働きぶりは伝説となっている。「週90時間労働、大好き」と書かれたTシャツを着、土日もなく、ほぼ三年もの間しゃにむに働いた。

なぜそんなに夢中になれたのか。ハーツフェルドは「**熱意は人から人へと伝わるものだ。つくるのが楽しい製品は、使うのも楽しい可能性が非常に高い**」と言っている。

ジョブズは、自分が本当につくりたいコンピュータをつくりたかった。それはメンバーも同様で、全員が、自分たちが心底「使いたい」「ほしい」と思う製品をつくろうとしていた。そんな熱意が製品を通して伝わり、マックは世界を変えるコンピュータになったのである。それがハーツフェルドの見方だ。

8

メラメラと必死の思いを発していると、それは周囲にも伝わる。

映画監督　河瀬《かわせ》　直美《なおみ》

河瀬直美は、カンヌ国際映画祭と縁のある映画監督だ。ベルリン、ベネツィアと並ぶ世界三大映画祭の一つであるカンヌで、河瀬は一九九七年に『萌《もえ》の朱雀《すざく》』により史上最年少でカメラドール（新人監督賞）を受けた。二〇〇七年には『殯《もがり》の森』でグランプリ（審査員特別賞）に輝く。二〇〇九年、映画祭に貢献した監督に贈られる金の馬車賞をアジア人、女性として初受賞。二〇一三年にはコンペティション部門の審査員にも選出されている。

恵まれた環境の中で映画を撮ってきたわけではない。たとえば『殯の森』がそうだ。映画会社やスポンサーがつかず、製作費のめどすら立たないまま、企画書と脚本づくりを進めた。資金を用意するために、河瀬はかつて自分の作品を買ってくれたフランスのワールドセールス会社に共同製作者になってほしいと依頼した。

同社は作品は知っていても、河瀬本人との面識はない。だが河瀬はエージェント(代理人)を立てず自分でフランスに行き、同社社長に「私には何のバックボーンもない。ただ監督としてあなたとこの映画をつくりたい」と直訴《じきそ》した。思いが通じたのか社長は快諾、映画は日仏合作としてスタートすることになった。

熱意は人を動かす力がある。熱意には周囲から手が差し伸べられる。映画の舞台となった場所で、地元の女性が食事づくりを引き受けてくれたこともある。助監督が子育て中の河瀬のために進行を細かく配慮してくれたりもした。河瀬は「**一人の人間がメラメラと必死の思いを発していると、それは周囲に伝わるもので『そんなにリスクを背負ってまでやりたいなら、少し手助けしてみようか』と感じてくれるのだと思います**」と語っている。

9

自分の力だけで一流になれるものじゃない。陰で協力してくれた人が数えきれないくらいいる。

中日ドラゴンズゼネラルマネジャー　落合《おちあい》 博満《ひろみつ》

落合博満は傑出《けっしゅつ》した野球人だ。選手として、ロッテ・オリオンズ（今の千葉ロッテマリーンズ）、中日ドラゴンズなどで三冠王を三度も達成した。監督として、ドラゴンズを四度のリーグ優勝、一度の日本一に導いている。そんな落合の言動は傲慢《ごうまん》に見えることもある。

しかし、本人は努力と感謝の人だ。「野球の世界には天才はいない」と言っている。

たとえば、本塁打の世界記録を更新した王貞治《おうさだはる》や、大リーグの年間最多安打記録を更新したイチローは、まぎれもない天才に見えるが、落合はそれを否定する。王の「一本足打法」も、イチローの「振り子打法」も、そして自分の「神主打法《かんぬしだほう》」も、すべては欠点をカバーしようと必死に試行錯誤をする中から生み出された。さらに、試行錯誤を助けてくれる人、努力を認めてくれる人がいたから脚光を浴びるようになったと言うのである。

これは落合の経験論でもあろう。ロッテに入団当初の落合は成績が安定せず、一軍と二軍を二年間も往復していた。努力がようやく実を結んだのは三年目だった。一軍のレギュラーとなり、打率も三割に達した。

そんな落合を飛躍させたのは、他球団近鉄バファローズ（今のオリックス・バファローズ）監督の西本幸雄《にしもとゆきお》であった。オールスター戦第二戦の四番バッターに落合を抜擢《ばってき》したのだ。これをきっかけに落合の成績はさらに上がり、初の首位打者を獲得することになる。

西本は、さほど実績のない落合を「将来の野球界を背負って立つ男」と見込んで抜擢した。その話を伝え聞いた落合はこう言った。「**どんな仕事だって、自分一人の力だけで一流になれるものじゃない。陰で協力してくれた人が数えきれないくらいいるものだ**」と。

10

伸びる選手とは、まわりが伸ばそうとしてくれる選手である。

水泳指導者　平井《ひらい》伯昌《のりまさ》

かつて水泳は、日本のお家芸だった。三三もの世界記録を樹立して「フジヤマのトビウオ」と呼ばれた古橋広之進《ふるはしひろのしん》が活躍した終戦直後のことだ。しかし、その後は長い低迷が続く。ようやく水泳王国が復活したのは最近である。

復活の立役者《たてやくしゃ》の一人が水泳指導者の平井伯昌だ。アテネ、北京のオリンピックで金メダルを連続獲得した北島康介《きたじまこうすけ》など、世界のトップで戦う若手選手を次々と育てた。

平井は、早稲田大学二年生の時に選手を断念してマネージャーになった。そこで指導者としての自信を得て東京スイミングセンターに入社、中学二年の北島に出会うのである。

オリンピックに行くには、肉体的素質、泳ぎのセンス、精神的な強さが必要だが、それだけでは不足だと平井は考える。水泳はチームスポーツではないものの、一緒にトレーニングをする仲間、コーチやトレーナーと認め合い、協力し合って、いい関係を保つことが大切である。それができる選手のほうが強くなれるのだ。**「一人だけで伸びていける選手なんか、どこにもいない。みんなに『協力してやろう』と思わせる選手にならなければいけないのだ。伸びる選手とは、まわりが伸ばそうとしてくれる選手でもある」**と言っている。態度が傲慢だったり、ひねくれていたり、「俺が一番だ」と勘違いして自分の話ばかりする選手は、どこかで伸びが止まるという。

平井は、ロンドンオリンピックで銅メダルを獲得した背泳ぎの寺川綾《てらかわあや》、バタフライの加藤ゆかなどを育て、さらに東洋大学水泳部監督として、二〇二〇年東京オリンピックで金メダルが期待される萩野公介《はぎのこうすけ》を指導している。

11

ねたみを避ける最良の方法は成功に値する人物になることだ。

投資家　チャーリー・マンガー

チャーリー・マンガーは大富豪であるとともに、「世界一の投資家」ウォーレン・バフェットの長年の相棒だ。二〇代で出会い、八〇代になった今も一緒に、有名な投資会社バークシャー・ハザウェイの経営に取り組んでいるのだから、つき合いは六〇年を越える。

マンガーとバフェットは、ともに強欲ではない。誰かを踏み台にして財をなすマネーゲーマーでもない。親から財産を受け継いでもいない。並外れた勉強家で質素倹約を大切にし、自分の知恵と努力で富を築いてきた。しかし世間は、成功した富豪というだけで嫉妬し、「裏で悪いことをしているのだろう」と勘ぐるものである。お金も仕事も幸福も、結局は「人」がもたらす。人から悪く思われては、人生がうまくいかなくなってしまう。

それを避けるために重要なのが、勤勉と誠実である。マンガーは猛烈な読書家だが、中でも愛読するのは、ともにアメリカ独立宣言起草者《きそう》であるベンジャミン・フランクリンとジェファーソンだ。フランクリンは、『貧しいリチャードの暦《こよみ》』で質素と倹約、自己統制を説いた。ジェファーソンは、第三代アメリカ大統領として規律正しい人生を送った。彼らに学んだマンガーもまた、子どもたちにこんな行動規範を教えている。

「できる限りの努力をする。決して嘘をつかない。やるといったら必ずなしとげる。言いわけはクソほどの価値もない。約束には早めに出向く。電話はただちに折り返す。ノーの結論は五秒で出す。素早く決断して相手を待たせるな」

これほど自分を厳しく律する理由は何か。マンガーは若い頃からこう言っていた。「**ねたみを避ける最良の方法は自分が成功に値する人物になることだ**」と。

12

人を世話するなら徹底的に。中途半端だったり、泣き言を言うくらいなら初めから世話せぬがよい。

日立製作所創業者　小《お》平《だいら》　浪平《なみへい》

日立製作所のスタートは、小平浪平が、久原房之助《くはらふさのすけ》が設立した久原鉱業所日立鉱山の発電所に課長として入社したことにある。一九〇六年のことだ。

当時、発電所などの設備のほぼすべては外国から輸入されていた。東京帝国大学（今の東京大学）電気工学科で学び、藤田組小坂鉱山、広島水力発電、東京電燈《でんとう》などで経験を積んできた小平は、設備を自分でつくりたいと、ずっと考えていた。当初の仕事は設備の設置と修理だったものの、徐々に自分でつくるようになり、一九一一年に久原鉱業所日立製作所を発足させた。やがて分離独立したのが日立製作所である。

外国企業と提携して技術を学ぶのが普通だった時代に、小平は「自力」を貫き通した。みずから苦しみ、失敗しながら技術を身につけていくのである。そのために大切なのは、なにより「人」である。小平は面倒見のよい性格だったうえ、創業期から徒弟養成所という教育機関をつくって見習い工に仕事を教えた。仕事だけでなく勉強も教え、ポケットマネーを使って非常に可愛がった。また、部下が入院すれば見舞いに駆けつけ、社員の冠婚葬祭にも必ず出席した。

小平は言っている。「**人を世話するならどこまでも徹底的に気持ちよくしなくてはだめだ。中途半端だったり、飼い犬に手を噛まれたなどの泣き言を言うくらいなら初めから世話せぬがよい。見栄では世話はできぬ**」と。晩年、社員が創業者小平を記念する何かをつくりたいと申し出ると、「日立製作所が俺の論文であり記念である。ほかに何もいらぬ」と断ったという。人と組織を大切にした小平らしいエピソードである。

◎文学の名言から　Ⅱ

お前の本当の腹底から出たものでなければ、
人を心から動かすことは断じてできない。

——ドイツの詩人、劇作家ゲーテ

無知な友を持つほど危険なことはなく、
賢明な敵を持つほうがよい。

——フランスの詩人ラ・フォンテーヌ

第3章

20代は「一生の勉強術」を身につける時である

——この時の工夫が一生ものを言う

1

一手をさすのに少し時間をかけなさい。

棋士《きし》　大山《おおやま》康晴《やすはる》

将棋の一五世名人、大山康晴は、優勝一二二回など数々の大記録を打ち立てた伝説の棋士だ。その大山は、将棋ファンにいつも「**将棋が強くなりたいのならば、一手をさすのに少し時間をかけなさい**」とアドバイスしていた。自分の若き日の経験からの言葉だった。

大山は一二歳で、同じ岡山県出身の木《き》見《み》金《きん》治《じ》郎《ろう》九段の内弟子となり、二年後には初段になっている。将棋の持ち時間は、当時は七時間ほどもあった（今は四～五時間が多い）。大山は強く、一局を二～三時間で勝つことがしばしばだった。そして、早く勝負がつくことをよしと考えていた。

ところが、ある日、持ち時間のすべてを使って負けてしまう。そんな大山を木見九段は、「ご苦労さん」とねぎらい、こう続けた。「今は相手が弱いから、自分の考えている手をそのままさしても勝てるだろう。しかしいつまでもそのままでは通らない。それよりも今は、もっといい手はないだろうか、と自分に与えられた時間いっぱいを使って、苦しみながら考えることが大切なんだ」と。

若いうちは勝負に勝つこと自体より、考え抜いて、さらによい手を見つけることのほうが血肉になると木見九段は教えたのだ。時には持ち時間を使い切ってでも試行錯誤をしていい。以来、大山は自分にもファンにも「少し時間をかけなさい」と言うようになった。

大山は全盛期に一時代を築いただけでなく、晩年まで現役棋士として活躍した。五九歳で歴代トップとなる王将戦最年長防衛を果たし、六九歳で歳年長A級棋士のまま逝去《せいきょ》している。それは天与の才能に加え、「あと少し考える」積み重ねのたまものだった。

2

自分は読書家ではあるが、本は道具である。

海軍軍人　秋山《あきやま》　真之《さねゆき》

一九〇五年、日露戦争の日本海海戦で、日本海軍連合艦隊は大国ロシアのバルチック艦隊を撃破し、世界に衝撃を与えている。

その海戦を勝利に導いた名参謀《さんぼう》が秋山真之だった。

真之は天才と言われる一方で、猛烈な勉強家、読書家でもあった。勉強ぶりは傍若無《ぼうじゃくぶ》人《じん》なほどで、たとえばアメリカに留学していた頃もそうだった。星亭《ほしとおる》公使の邸《やしき》に出入りし、主《あるじ》に無断で、邸内の書物を次々と読破した。あまりのわがまま勝手ぶりに星が注意をすると、真之は「あなたの代わりに読んであげたのだ」と開き直った。星亭も別名「押し通す」と言われたほど押しの強い人物だが、真之の勉学への情熱にはかなわなかった。

猛烈な読書は、オリジナルな戦略戦術を磨き上げるためだった。アメリカ時代、同僚に「必ず古今海陸の戦史をあさり、その勝敗のよってきたるところを見きわめ、さらには欧米諸大家の名論卓越《めいろんたくえつ》を味読《みどく》してその要領をつかみ」、そのうえで自分独自の戦略戦術にまとめ上げるのだ、と書き送っている。

つまり真之は猛烈な勉強家、読書家だったが、単なる研究者ではなかった。同じ松山藩（愛媛県松山市）出身の親友である俳人《はいじん》、正岡子規《まさおかしき》に、本とのつき合い方について「**自分は読書家ではあるが、本は道具である**」と語っている。

どんな名著でも、要旨をつかんでしまえば、もう本そのものを大事にしまっておくことはない。知識も同じだ。知識そのものが大事なのではなく、知識をもとに新しい知恵を生み出すことが大切である。真之が生み出した最大の知恵が、日本海海戦の戦略だった。

3

学問に縛られたら成長はない。ただし無知はバカと一緒。知ったうえで捨てなさい。

宮大工《みやだいく》　西岡《にしおか》　常一《つねかず》

宮大工の西岡常一が修復や復元にたずさわった国宝や重要文化財は数知れない。世界最古の木造建築である法隆寺《ほうりゅうじ》の「昭和の大修理」での大講堂や金堂《こんどう》、五重塔などの解体修理は有名である。唐招提寺《とうしょうだいじ》の講堂や明王院《みょうおういん》本堂、薬師寺《やくしじ》の東塔《とうとう》や西塔《さいとう》などでも尽力した。

西岡家は先祖代々の宮大工であり、祖父から常一の三代は続けて法隆寺大工の棟梁《とうりょう》を務めた宮大工の名門である。そんな常一の修業は生駒《いこま》農学校（今の奈良県立郡山農業高校）時代から始まっている。学校から帰ると、祖父からノミやカンナ、ノコギリなどを与えられ、研《と》ぎや目立てを教えられた。手取り足取りではない。要領よく楽《らく》して覚えてもすぐに忘れてしまう。自分で苦労して考え、体得したことこそ忘れない。そうやって基本ができたら、あとはいくらでも身につく。それが西岡家の教え方だった。

変わっているのは農業高校へ進んだことだ。大工になるには工業高校で図面の描き方や技術を学ぶのが普通だが、「土を知って初めて木のことがわかる」という祖父の指示に従ったのである。木はただ使うものではない。木と話し、木の癖を知ってこそ本当の木組みができる。

長い歴史の集積である文化財の修理や復元を行うには、そのほかにも仏教の歴史など多くのことを知らなければならない。常一は勉強を怠らなかった。一方で、頭でっかちになっては、いい仕事はできない。こう戒《いまし》めていた。**「学問ほど人間を毒するもんはない。学問に縛られたら、それ以上の人間の成長もない。ただし無知はバカと一緒。知ったうえで捨てなさい」**と。

4

自分の稽古の時間より、待つ時間に意味がある。

歌舞伎俳優　十二代目市川《いちかわ》團十郎《だんじゅうろう》

十二代目市川團十郎が歌舞伎の名門の出であることは言うまでもない。いとこが九代目松本幸四郎《まつもとこうしろう》、二代目中村吉右衛門《なかむらきちえもん》、子が十一代目市川海老蔵《いちかわえびぞう》である。

そういう名門で、團十郎はどう演技や所作《しょさ》を学んでいったのか。踊りの稽古《けいこ》を例に、こう言っている。「**自分のお稽古そのものの時間より、待つ時間に意味がある。じっと人を**

つぶさに観察し、あの人はこうすればいいのにと思う。それを自分の番になったら置き換えてやってみることが、すなわち学びになるのです」と。

稽古で体の動きを身につけ、勉強で知識を得るだけでは、芸事の習得にはおのずから限界がある。「気づき」が重要だ。そのためには、見ることが欠かせない。上手な人を見ていて、「ここがポイントだ」とハッと悟ることは多いものである。反対に、下手な人を見ていても、「こうすればいいのに」「自分にも似た欠点がないか」などと気づくことは少なくない。こういう「見て気づく」鍛錬《たんれん》ができるようになれば、稽古場だけでなく、あらゆる場所が学びの場になるだろう。

たとえば上司と一緒に商談に臨んだ時なども、自分が話さない間に何を考えているかが大切である。上司の話や商談相手の反応をよく見て、「こうすればいいのか」「こうすればいいのに」を不断に学ぶことである。

待つ時間を単なるムダと切り捨て、別のことを考えたり、こっそりメールチェックをしたりするようでは、「大切な学びがこぼれ落ちる」というのが團十郎の考え方だ。人は何もしない「待つ時間」の処し方で、どこまで成長するかが決まるのである。

5

頭でわかっているのと、肌で理解していくのとでは、力のつき方が雲泥の差。

経済アナリスト　森永《もりなが》 卓郎《たくろう》

経済アナリストの森永卓郎は、東京大学を卒業して日本専売公社（今の日本たばこ産業）に勤務していた頃に、社会勉強の大きなコツを得ている。

東京、渋谷の地区営業を担当していたが、仕事のセンスと知識を磨こうと、時間をつくっては特販担当の営業マンに同行した。特販は、パチンコ店や飲食店、大型スーパーなどに対する営業を行う。自分の担当である町のたばこ屋さんなどを相手にする営業とは、人とのつき合い方がまるで違うのに驚いた。もちろん、話を聞くだけでも、地区営業と特販営業に大差があることくらいはわかる。しかし、聞いてわかるのと、実際に目で見たり、自分でも経験したりして理解するのとでは、わかり方がまるで違うと、森永は言っている。

「頭でわかっているのと、肌で感じて理解していくのとでは、臨機応変の力のつき方が雲泥の差。これが仕事人の生涯の財産です」と。

営業ほど人間関係の基本を学べるものはないと、森永は言う。お客様にかわいがってもらえるコツを肌で感じることとは、人生全般の人間関係を改善する。お客様の自慢や上司のグチから人間心理の機微を知ることは、人間通になる一番の近道だ。ＭＢＡの取得を目ざすくらいなら、自社のいろいろな営業に精通してたくさんのことを学んだほうがいいというのが森永の考え方である。

現代では、各種のメディアやインターネットによって、家にいながらにして世界中の情報が手に入る。しかし、経験はそうはいかない。家を出て、汗をかき、恥もかきながら得るものだ。ちょっとしんどいが、得られた経験力は知識力よりもはるかに大きい。

6

最初から一流のところに行け。安物を頼まれて描くとダメになる。一流が来るまでがんばれ。

日本画家　平山《ひらやま》 郁夫《いくお》

平山郁夫はシルクロードをテーマにした幻想的な作品で知られる。東京芸術大学学長、日本美術院理事長なども歴任した。また、薬師寺に長さ四九メートルの「大唐西域壁画《だいとうさいいきへきが》」を三〇年かけて完成させている。さらに、師匠である日本画家の前田青邨《まえだせいそん》とともに、法隆寺金堂壁画や高松塚《たかまつづか》古墳壁画の再現模写も手がけている。

平山のそんな活躍の基礎となったのが、東京美術学校（今の東京芸術大学）卒業後ずっと師事してきた青邨からのこんなアドバイスだった。

青邨は、「演劇でも映画でも歌舞伎でもいろいろなものを見ろ。絵の具や絵の材料は一番高いもの、本物を使え」「勉強中は絵のアルバイトをやめろ。絵の技術があるからと安易な金儲けの味を覚えると、これをやったらいくらになると自分を安く計算するようになる」「絵によるアルバイトをするくらいなら肉体労働をしろ、親のすねをかじれ」と平山を戒めた。

そして「**プロとして最初から一流のところに入って行け。安物を依頼する画商に頼まれて描くとダメになるから、一流が来るまでがんばれ**」と励ました。

見るなら一流を見る。使うなら一流の材料を使う。仕事は一流以外受けるな。当たり前のようだが、現実にはなかなかそうはいかない。若い平山にとっても、厳しい教えだった。だが、平山は決してぶれることなく教えを守り続けた。一〇年我慢したという。その結果、本当に一流の依頼ばかりが来るようになった。

安易に流れず、黙々と絵に集中する間に、平山は一流の画家に育っていたのである。

7

俳優の力は、基礎をおろそかにすると観客に伝わらない。

俳優　仲代《なかだい》　達矢《たつや》

仲代達矢は日本を代表する俳優である。『人間の条件』『影武者』などの映画、『ハムレット』『リチャード三世』などの舞台、そしてテレビドラマと、幅広く活躍している。同時に一九七五年から、国や企業の援助を受けず、塾生にも負担をかけることなく無名の若者を三年間かけて育てる「無名塾」を主宰《しゅさい》してきた。目ざしたのは、アメリカの俳優養成所のように競い合って実力を伸ばす場である。卒業生には、映画『Shall we ダンス?』やテレビドラマ『三匹が斬る!』の役所広司《やくしょこうじ》、テレビドラマ『京都地検の女』の益岡徹《ますおかとおる》や、若村真由美《わかむらまゆみ》、真木《まき》よう子《こ》、滝藤賢一《たきとうけんいち》などがいる。

仲代は、三年の間、塾生と懸命に向き合うという。何を教えるのか。

「この期間で舞台の上手《かみて》から下手《しもて》へ普通に歩くことができるように、正しく美しい日本語が話せるようにしなくてはなりません。俳優の力は、そういう基礎をおろそかにすると観客に伝わらないのですが、それがなんとか身につくのに三年くらいはかかるということなのです」と言っている。

歩くのも、日本語を話すのも、「プロとして当たり前じゃないか」と思う人がいるだろう。

だが、基礎が体にたたき込まれていないと、俳優を続けることはできない。

「売れないかなあ」とキョロキョロするだけで終わる俳優、「これで食える」という一つの引き出しだけで芝居する俳優などさまざまなタイプがいるが、要は努力を怠り、基礎をおろそかにしているうちに落ちていくのである。もし壁にぶつかったら、どんなに成功していても、無名になった気持ちで修業をし直せというのが、無名塾のもう一つの意図だ。

8

形を持つ人が形を破るのが型破り。形がないのに破れば形無し。

歌舞伎俳優　十八代目中村《なかむら》勘三郎《かんざぶろう》

襲名前は長く中村勘九郎《かんくろう》として活躍した十八代目中村勘三郎が二〇一三年に五七歳の若さで亡くなった時、その死を惜しんだのは歌舞伎界の人ばかりではなかった。演出家の野《の》田《だ》秀樹《ひでき》を初めとする各界の人が哀悼《あいとう》の意を表した。勘三郎ほど他分野の人と積極的に交流し、たくさんの舞台を生んだ人はいなかった。歌舞伎と演劇との橋渡しをした人物だった。

多分野と交流するようになったきっかけは、一九歳の頃、劇作家唐十郎《からじゅうろう》のテントで演じられる「下町唐座《したまちからざ》」を見て心底驚いたことだった。唐は状況劇場を主宰、新宿の花園公園にテントを張って前衛的な芝居を上演していた。自分が育った歌舞伎とはあまりに違う世界だったが、勘三郎は、昔の歌舞伎には同様の熱気や人間の生《なま》の感覚があったのではと感じたのだ。すぐに、新しい歌舞伎をしたいと、父、十七代目中村勘三郎に話す。だが返事は「一〇〇年早い。そんなことを考えてる間に一〇〇回稽古しろ」だった。

十七代目自身は新しい挑戦を続けてきた人だ。アメリカ公演で「連獅子《れんじし》」も演じている。しかし、息子の勘三郎には、まず古典を学んで自分の形をつくることが必要と考えた。

以来、勘三郎は教育者である無着成恭《むちゃくせいきょう》の「**形を持つ人が形を破るのが型破り。形がないのに破れば形無《かたな》し**」という言葉を座右の銘に、形の確立に精進するようになる。やがて勘三郎は、二〇〇〇年に「平成中村座」を立ち上げるなど若き日の夢を実現するが、それが受け入れられたのは長い年月をかけて古典を学び、自分の形をつくったからだった。

形とは、その人にしかできない独自の美しさに到達することをいう。そこに到達した者だけが、お客様に喜んでもらえる「破り方」をできると勘三郎は言っている。

9

会社は学校ではない。自分自身で考えながら仕事をしてくれ。

ソニー創業者　盛田《もりた》　昭夫《あきお》

「会社は学校ではない」という言葉は、ソニー創業者、盛田昭夫の持論だった。

かつての日本では、新入社員を企業が一人前の戦力に育てるのが普通だった。上司や先輩が懇切丁寧《こんせつていねい》な指導をし、研修やセミナーを通じて実戦教育をした。転職が当たり前になった現代では、そんな風潮は徐々に薄れつつあり、企業は即戦力を求めるようになっているが、終身雇用のほうが当たり前だった昔は、会社と社員はよくも悪くも一種の相互依存関係にあった。とくに学校を卒業したての新入社員は「教えてもらう」意識が強かった。

盛田は非常に早い時期から、新入社員には「教えてくれる」ことを待つのではなく、自分自身で考えて仕事をすることを求めていた。実際の仕事を通して気づき、考え、実行、やりとげることで社員の能力は高まっていくものであり、会社はその機会を与え、あと押しをするものと考えていた。

そもそもソニーの基本が「やりたい人、やれる人がその仕事をやる」ことだった。「自分で自分の能力を発見、発揮していく」ことを求める会社であった。ソニーは一九六〇年代なかばから、こうした考えの下で人材開発を行っている。

入社式でも、盛田はいつもこう言っていた。「**本日から社員になった。明日からはひとつ自分自身で考えながら仕事をしてくれ。なぜなら会社は学校ではない。先輩が仕事を教えるという義務はないし、責任もない**」と。仕事がうまくいかない時、つい「上司の指導が悪い」と責任を転嫁する人もいるが、会社は学校ではなく利益を追求する場所だ。自力しかないと腹をくくることも、自分が成長するうえでとても大切である。

10

一生勉強していかないと。「前と同じじゃないか」と言われたら終わっちゃいますから。

作曲家　久石譲《ひさいしじょう》

久石譲は映画音楽の作曲で有名だ。アニメーション監督の宮崎駿《みやざきはやお》と組んだ『風の谷のナウシカ』『千と千尋の神隠し』や、映画監督としての北野武（ビートたけし）の『BROTHER』など、作品は数多い。

だが、久石は、こうした監督たちと一緒に飲みに行ったり、プライベートで親しくなったりすることはない。会うのは仕事の場だけだ。一本の映画が終わると、「今度はこういう映画ですが、どうですか」と監督が持ち出し、「ではご一緒させてください」という話になって仕事がつながるという。たとえば宮崎との関係もそうだ。二人は最高のコンビに見えるが、久石は、そんなことはないと言う。宮崎は新作映画をつくるたびに作曲家を探し、結果的に「やっぱり久石がいいや」となっているだけだと言う。

考えれば、関係の濃淡こそあれ、仕事の信頼関係とはそんなものではないだろうか。いい仕事をする人には多くの信頼が集まり、そうでない人はそれなりの関係しか築けない。当たり前のことである。だが、とかく人間は、たとえば飲みに行くこととイコール親密さであり、それが仕事を保証すると勘違いしがちだ。

そうではなく、仕事の人間関係には勉強こそが必要だと久石は言う。「**本数を重ねるにつれてすごく苦しくなってきます。だって同じ手は使えませんから。だから同じように一生勉強していかないと。だって、『この前やったのとまた同じじゃないか』と言われたら終わっちゃいますから**」と。

大切なのは常に新しくあり続けること。絶えざる勉強こそが人を引き寄せる。

◎文学の名言から　Ⅲ

自分で行った貴重な省察は、
できるだけ早く書きとめておくべきである。

——ドイツの哲学者ショーペンハウエル

学問は置きどころによりて善悪わかる。
ヘソの下よし。
鼻の先悪し。

——江戸時代の思想家三浦梅園《みうらばいえん》

第４章

20代は経験値を高める「挑戦」の時だ

——10年間は成果よりも成長に徹する

1

目標に向かう時は、ちょっと間抜けでなくちゃいけないのさ。

グーグル創業者　ラリー・ペイジ

ラリー・ペイジはスタンフォード大学大学院時代に、グーグルの基礎になる挑戦を始めている。それは、精度の高い検索エンジンをつくることだった。当時も検索エンジンはあったが、広告を出した企業の情報が優先されるなど、精度上の疑問が多かった。

問題は、膨大《ぼうだい》な情報が行き交うウェブの中から、どう情報の重要度を判断するかである。

ペイジはこう発想した。学術の世界で、重要な論文は多くの論文に引用される。ウェブでも、重要なサイトには多くのリンクが張られているに違いない。リンク数を調べれば重要度が判断できる、と。すごい発想だった。ただし課題があった。リンク数をどう調べるかだ。ペイジは「ウェブ全体をダウンロードしてリンクの記録を取る」と考えた。

ムチャだった。一九九〇年代なかばのコンピュータ環境で、一人でそんなことができるわけがなかった。ところが、ペイジは「二～三週間でできる」と楽観的に考え、実行に移している。

もちろん、そんな短期間でできるわけがない。だが、アイデアに共感した天才的な同級生セルゲイ・ブリンが協力するようになり、事態は急展開し始める。こうして二人は検索エンジンを実現、グーグルを共同創業するに至るのだ。

「楽観的に考えることは大事なんだ。こうしようと決めた目標に向かう時は、ちょっと間抜けでなくちゃいけないのさ」とペイジは言っている。そして「不可能に思えることには、できるだけ無視の姿勢で臨むこと」という言葉をあげて、「できるはずがないと思われていることに挑戦すべきなんだ」と続けている。

2

物事には最初というものが必ずある。その最初をやらなかったら二度目はない。

科学者　西堀《にしぼり》 栄三郎《えいざぶろう》

西堀栄三郎は科学者にして技術者、探検家という異色の人物だ。科学者としては、京都大学助教授から東芝に転じて真空管「ソラ」を開発した。技術者としては、戦後日本のものづくりを飛躍的に成長させたＱＣ（品質管理）の導入に尽力している。探検家としては、日本が初めて南極で冬を越した時の越冬隊長（観測隊副隊長）を務めたほか、日本初の八千メートル級への挑戦となるマナスル登頂でも先導役を果たしている。

若い頃から新しいことに挑戦する生き方を選び、生涯それを貫いたのが西堀だった。

そんな西堀の最大の夢は南極探検だった。日本人初の南極探検家、白瀬《しらせ》矗《のぶ》陸軍中尉が持ち帰ったフィルムを一一歳の頃に見て以来、夢を育てていた。アメリカ留学中には南極経験者を訪ね歩き、たくさんの本も入手している。

夢が実現した時、西堀は五〇代なかばになっていた。しかも、第一次南極観測隊副隊長を命じられて越冬を主張したところ、多くの有識者から、南極で越冬するなど自殺行為だと批判された。

しかし、西堀はこう主張した。「**物事には最初というものが必ずいっぺんはあります。その最初をやらなかったら二度目はないのです**」と。

新しいことへの挑戦は、すべてが探検である。探検である以上、完璧に準備することはできない。だが、想定されることについて万全の準備を行えば、想定外のことにも対処はできる。それが西堀のやり方だった。実際、一回目の越冬隊員は家族と涙で別れたが、二回目以降は「行ってきます」とピクニックにでも行くような気分で出発したという。

3

役に立たないことをやってみなければ、役に立つこともわからん。

政治学者　姜《カン》尚中《サンジュン》

一九五〇年生まれの姜尚中が早稲田大学に進学した頃は、団塊《だんかい》の世代が巻き起こした学生運動の余燼《よじん》がまだ残っていた。若い頃はとかく気持ちがとがり、「あれかこれか。でなければゼロだ」といった二者択一的な悩みにおちいりがちだが、当時の学生は、とくにその傾向が強かった。理想か現実か、自己か社会か、行動か学問かなど、いろいろなことに悩み、苦しんでいた。そんな中で、若い姜も迷いながら生きていた。

するとと、経済史の大家から、こんなことを言われたという。「**役に立たないこと、よけいなことをやってみなければ、役に立つこともわからん**」と。

「これはダメ。ムダだ」「これしかやるな」ときっちりと分けて「何をやるか」を決めるのではなく、あちこちに首を突っ込み、ダメに見えること、ムダと感じることもやってみる。たとえば理系と文系の境界を超えて、苦手な領域にも思い切って飛び込んでいく。挑戦と試行錯誤をくり返すことが「悩む力」を育て、創造性を育むことになる。それが、学生時代の経験から身につけた姜のやり方だ。

若者の行動パターンは、基本的には今も昔もさほど変わらない。ただし、表面的なところは時代や社会によって大いに変わる。今の若者は効率を重視し、できるだけ遠回りせずに目標へと一直線に進みたがる傾向がある。時代や社会が「確実に結果の出るやり方」を求めるからでもあるだろう。

確かに、失敗のないやり方を求めたほうが効率はいいのかもしれない。しかし、成長のためには、失敗も回り道も案外役に立つものだ。

4

させてもらえない不満を言う代わりに、してよいことを次から次へと行う。

経営学者　ピーター・ドラッカー

マネジメントの第一人者であるピーター・ドラッカーが、こんなたとえ話をしている。ある鉄道会社では「政府は何もさせてくれない」と言うのがグチの定番だった。ところが、他社からスカウトされた副社長が、そんなことは何も知らずに政府に新事業の許可申請をしてしまう。しかも複数だ。政府の答えはどうだったか。「自由にやってください」

だった。鉄道会社に蔓延《まんえん》していた「政府は何もさせてくれない」というグチは、実は自分たちが動きたくないためのいいわけにすぎなかったのである。

この例は極端かもしれない。確かに誰もが制約の中にいる。だが、実際には制約があっても、できることはたくさんあるのだ。制約があって「させてもらえない」とグチをこぼすことは、自分の強みと時間をムダにする行為である。

そうドラッカーは言い、こう続けている。「**成果を上げるエグゼクティブも、みずからに対する制約条件は気にしている。しかし彼らは、してよいことで、する値打ちのあることを簡単に探してしまう。させてもらえないことに不満を言う代わりに、してよいことを次から次へと行う**」と。

「これができない」と言う前に、「何ができるか」を考えることが大切である。あるいは、「ほかの人には難しいが、自分には簡単にやれることは何か」と考えればもっといい。

「上司が反対する」「会社が保守的で」とグチを言う人は多い。確かにそういう現実もある。しかし、では、できることが何もないのかというと、そんなことはない。制約の中で、今できることを一つひとつ行う。それだけで、人は大きなことが実現できる。

5

思うことにお金はいりません。力もいりません。思うだけなら何もいらないんです。でも、思わなければ近づきません。

ラグビー監督　山口《やまぐち》 良治《よしはる》

学園ドラマ『スクール☆ウォーズ』の主人公のモデルとなった「泣き虫先生」こと山口良治は野球少年だった。だが、進学した高校の野球部が廃部となり、先輩のすすめで始めたのがラグビーだった。最初はルールもわからなかったが、少しずつ面白さに魅せられ、やがて「日本一のラグビー選手になる」と考えるようになった。

ラグビーを続けるために日本大学に進んだものの挫折、体育教師を目ざして転校した日本体育大学で再びラグビーへの情熱に目ざめる。猛練習で一軍に昇格、関東選抜に選ばれるほどの成長をとげている。

卒業して教師となったあとの一九六六年に日本代表に選ばれ、八年間にわたって活躍する。七四年に現役を引退、京都の伏見工業高校に赴任してラグビー部を率いる。そして五年後に全国大会で優勝、以後、同校は常勝軍団の道を歩むことになった。

山口はいつも「日本一のラグビー選手」を目ざし続けた。「**日本一のラグビー選手になる。そう心に思うことにお金はいりません。力もいりません。身長もいりません。思うだけなら何もいらないんです。でも、思わなければ近づきません**」と言っている。目ざさなければ到達できない。求めなければ何も得られない。そして目ざすこと、求めることは誰にでもできるし、制約もないのである。

山口は、「人がどう言おうと志《こころざし》は高いほうがいい。やろうとしたことはきっと報われる」という言葉も大切にしている。「才能は?」「資格は?」「身体能力は?」などということは無視して目標をまず高く掲げる。すべては強い「思い」から始まるのである。

6

やらない奴はどんなにやれと言ってもやらない。やる奴はやるなと押さえつけてもやる。

落語家　立川《たてかわ》談志《だんし》

立川談志は昭和を代表する落語家の一人である。師匠の五代目柳家小《やなぎやこ》さんからも才能を高く評価され、著書『現代落語論』は今も名著としてよく知られている。古典落語の実力者でありながら常に新しい境地に挑戦し続け、「破天荒」「異端」とも評された。師匠が会長を務める落語家協会を脱退して「落語立川流」を立ち上げたり、一期だけだが参議院議員にもなった。テレビやラジオなどでも人気者だった。

そんな談志は、弟子の立川《たてかわ》志《し》らくによると、弟子にほとんど落語を教えなかったという。普通は着物に着替え、きちんと噺《はなし》をしてみせながら教えるものだ。しかし、談志は入門当初は噺をしてくれるものの、普段着のままあぐらをかいて、ぼそぼそとしゃべるだけだ。時折、噺にまつわるエピソードなども教えてくれるが、これを二、三度やったあとは「勝手にやれ」と突き放す。**「やらない奴はどんなにやれと言ってもやらない。やる奴はやるなと押さえつけてもやる」**と考えているからである。

こんな師匠でありながら、談志の弟子には志《し》の輔《すけ》や談春《だんしゅん》、志《し》らく、談笑《だんしょう》といった実力も人気も兼ね備えた落語家がたくさんいる。なぜか。その秘密がこの「やる奴は……」という言葉にあると、志らくは見ている。

談志の本当の稽古は、自分が落語と向き合って格闘する姿、生きざまを弟子に見せることである。その姿を見て「やる弟子」は闘志をかき立てられ、必死に師匠のあとを追う。その姿を見てもなんとも思わない「やらない弟子」は、決して伸びることはない。弟子は師匠の背中を見て育つ。やるかやらないかは、自己責任なのである。

7

いま時期尚早と言う人は、一〇〇年たっても時期尚早と言う。

日本サッカー協会元会長　川淵《かわぶち》　三郎《さぶろう》

川淵三郎は、日本サッカーのプロ化を主導し、初代Jリーグチェアマンとして革命的な変化をもたらした人物である。

選手としては日本代表として一九五九年のローマオリンピックのアジア予選を経験し、早稲田大学、古河電工を経て東京オリンピックに出場してゴールも上げている。その後、古河電工監督、日本代表監督を歴任しながら、川淵は、ワールドカップに出場経験のない日本サッカーを強くするにはプロリーグが必要だという思いを強くする。そして、「まだ早い」と渋る者が多かった中で、未知への挑戦を始めるのだ。「**いま時期尚早《しょうそう》だと言う人は、一〇〇年たっても時期尚早と言うだろう**」と言って反対者を封じ込めた。

「できない」という発想が先に立つ人は、何年待とうが、「やろう」と先頭に立つことはない。そんな人たちの意見に惑わされず、時期はみずからつくり出すものだ。川淵の決断がなければＪリーグの発足は進まず、ワールドカップの出場も遅れたかもしれない。

川淵は、ほかにも新機軸をもたらしている。たとえば歴代日本人が務めていた日本代表監督に、外国人のＭ・Ｊ・オフトを招いたのも川淵だ。この時は、あと数分間で予選突破というロスタイムで点を入れられた「ドーハの悲劇」で初出場の夢はついえたものの、以後は連続して出場し続けている。

若者は何かに挑戦しようとした時、「まだ早い、時機《じき》を待て」とよく言われるものだ。その言葉が本物かどうかは、「では、時機はいつなのか」を聞けばいい。相手がとたんに言葉を濁すようなら、時機を待つ必要はない。

8

後悔する可能性はゼロ。そう考えたら、決断は簡単になりました。

アマゾン創業者　ジェフ・ベゾス

並外れて優秀な人間だったジェフ・ベゾスは、プリンストン大学に在籍中から起業を考えていた。だが、ベゾスは慎重な性格でもあり、「まずは企業で働いて経験を積みたい」と、卒業後は三つの会社に就職している。仕事はもちろんできた。最後の会社となるＤ・Ｅ・ショー社でも、わずか二八歳で最年少の上級副社長となっている。

ベゾスがインターネットの爆発的な成長に気づいたのは、一九九四年のことだ。一年に二三〇〇％もの成長をしていると知って、最初のネットビジネス開拓者になろうと決意した。そして考えたのが、ネットを使って本を売るビジネスである。さっそくアイデアをボスのデイビッド・ショーに提案した。ところが、ショーは自分も野心的な起業家であるにもかかわらず、リスクが高すぎるとして「ノー」を言い渡すのだ。やむなくベゾスは退社を申し出る。ベゾスを高く評価していたショーは強く慰留する。ベゾスもショーにほれ込んでいただけに、判断は慎重になった。その時、ベゾスは「後悔最小化フレームワーク」と自分で名づけたこんな考え方で起業を決断している。

「八〇歳になった時に一九九四年のウォール街のボーナスをその年のなかばで棒に振ったことを後悔する可能性はゼロ。でも、この絶対にいけそうなインターネットなるものに首を突っ込まなかったとしたら、後悔する可能性はかなりありそうでした。それに挑戦して失敗したとしても、後悔はしなかったでしょう。そう考えたら、決断するのは信じられないくらい簡単になりました」。何もせずに後悔するよりも、何かをして後悔したほうがましである。ベゾスは辞表を提出し、すぐにアマゾンの創業にひた走るのだ。

9

行動に移せなかったら、結果は何も出ない。

リコー元会長　浜田《はまだ》 広《ひろし》

リコー元会長の浜田広は鹿児島県出身である。鹿児島には、いろは四七文字を頭文字《かしらもじ》にした「いろは御歌」というものがあり、かつての薩摩藩士《さつまはんし》から、現代の鹿児島県人まで、誰もが幼少の頃からそらんじて育つという。

その中に「いにしえの道を聞いても唱《とな》えても　わが行いにせずば甲斐《かい》なし」という歌が

ある。「いくら学問をして知識を増やしても、また口で立派なことを言っても、日常の行動にそれが生かされなかったら、学問の意味もなく、言葉の説得力もない」というような内容である。浜田は、これを座右の銘としてきた。

浜田は人間の能力を「理解＜思考＜表現＜行動」と考えている。理解してもすべてを思考に取り入れることはできない。思考してもすべてを表現することはできない。表現してもすべてを行動に移すことはできない。つまり、理解力が高いから自分には能力があると思うのは大間違いである。

とくに仕事では、理解力よりも行動力が重要だ。一〇〇を理解できて一しか行動できない人よりも、理解は一〇だが三行動できる人のほうが能力が高いことになる。それを浜田は、「『**わが行いにせずば甲斐なし**』で、**仕事というのは行動に移せなかったら、結果は何も出ない**」と表現している。

「自分は頭が悪いから」「学歴がないから」「口下手だから」仕事ができないと言う人がいる。そんな劣等感にとらわれていてはダメである。浜田の「理解＜思考＜表現＜行動」から自分をとらえ直し、まずは行動の人になるよう努力するべきである。

10

無我夢中でやるのがチャレンジ精神だと思ったら大間違いで、大事なのはその先だ。

本田技研工業元社長　河島《かわしま》　喜好《きよし》

河島喜好は、弱冠《じゃっかん》四五歳で、創業者本田宗一郎《ほんだそういちろう》のあとを受けて本田技研工業（ホンダ）の二代目社長に就任し、ホンダを大きく成長させた功労者である。その河島は、もともとは技術者で、ホンダのレーシングチームを率いて世界と戦う人間であった。舞台はオートバイレースの世界最高峰「マン島レース」である。

ホンダがマン島レースに初出場したのは一九五九年のことだ。ヨーロッパ以外の国から初めてメーカーチームが参加したレースであった。監督である河島は、こんな手紙を本田に書き送っている。「私たちは初めて世の中に出た井の中の蛙《かわず》ですが、このままただのカエルでは終わりません。来年もその次も出させてください。きっと三年後には、世の中や大海を知るカエルに成長することをお約束します」と。

最初の挑戦は何もわからない。無我夢中である。それも大変なことだが、実は、問題はその次にある。一度挑戦して苦しさも敗北も怖さもすべてをわかってしまうと、さらなる挑戦を続けるには、最初の挑戦とはまた違う精神力が必要となる。自分を自分で奮《ふる》い立たせる力だ。河島はそれを、「**無我夢中でやるのがチャレンジ精神だと思ったら大間違いで、**
大事なのはその先だ」と言っている。

初挑戦の時、ホンダチームは全員が完走してチーム賞を獲得したが、個人で六位が最高の成績だった。パワーはそこそこあっても操縦性やブレーキ性能が決定的に劣っていた。やがてホンダは数々の画期的発明をし、二年後にはマン島レースで圧勝するほどの力をつけた。それを支えたのは河島の「常に次を目ざす」チャレンジ精神であった。

11

それは経験に裏打ちされた言葉か？

未来工業創業者　山田《やまだ》　昭男《あきお》

自分でやってもいないのに、挑戦する人に「うまくいくはずがない」と否定的な意見を言う人がいる。そういう人間に限って、他人が挑戦してうまくいくと自分もすぐに真似をするものだ。あまりに節操がない。大切なのは、誰もやっていないことを自分自身でやってみて、結果を目で確かめることだ。経験値を高めることが自分を高めることである。

山田昭男が創業した未来工業は、高収益なのに「日本で一番労働時間が短い」ことで知られる。経営もユニークであり、マスコミなどで紹介されることも少なくない。ところが、マスコミで未来工業の話を知って山田に会いに来る中小企業経営者のほとんどは、「うちではできない」と最初から自分を否定するという。それはおかしいと山田は考えている。

たとえば「未来工業さんは特殊なものをつくっとる。うちなんか平凡なものしかないから、すぐお客さんに逃げられる」と言うから、山田が「じゃあ、逃げられた経験はあるのか」と聞くと、「それはない」と答える。

あるいは「一九日間の正月休みを取ったりしたら、うちならお客さんに逃げられてしまうよ」と言うので、山田は「じゃあ、一九日間の休みを取ったことがあるのか」と聞くと、やはり「あるわけがない」と答える。

山田は言う。**「それは経験に裏打ちされた言葉なのか?」**と。自分でやってみて確認したうえでの言葉ならともかく、やりもしないで「できっこない」と決めつけるのは、自分の可能性を自分でピシャリと閉ざすようなものだ。うまくいくかどうかは、やってみなければわからない。山田はそう強調してやまないのである。

12

試合でできないことがあれば、その前の段階に問題がある。

水泳選手　北島《きたじま》 康介《こうすけ》

北島康介は二〇〇四年のアテネ、二〇〇八年の北京と、二度のオリンピックで続けて一〇〇メートル、二〇〇メートル平泳ぎで二種目二連覇という快挙をなしとげた選手だ。

北島が初めてオリンピックに出たのは、二〇〇〇年のシドニーである。四位だった。初出場で四位という成績はうれしく、また十分に誇れる成績だった。しかし、北島はその時、メダリストとそうでない者の歴然とした差を知る。メダリストは、スポンサーや関係者のところに行って「取りました」と誇らしげに報告し、賞賛を浴びる。それに対し、たとえ四位でもメダルのない選手は「お疲れ様」のひと言で終わってしまう。

「次はメダルを取ってやろう」と闘志をかき立てられた北島は、厳しいトレーニングを経て、世界新記録をマークするほどの選手に成長した。当然、周囲の期待はふくらむ。また、ライバルや強敵も現れる。プレッシャーは、かつてと比べものにならないほど高くなる。さらに、オリンピックになると緊張は最高度に達する。

しかし、緊張しないと一二〇%の試合はできないと北島は考える。問題が起きるのは、緊張を通り越してビビってしまう場合だ。ビビってしまうと満足な試合は望めない。

ビビるのは、練習に不安があるからだ。「**もし試合会場で緊張してできないことがあれば、その前の段階に問題があると僕は思っています**」と北島は言っている。

ビビる不安をなくすためには、普段から妥協しないトレーニングを心がけることが重要だ。練習でキツイ思いをしてこそ、試合では楽しむことができるし、いい結果を残すことができる。

◎文学の名言から　Ⅳ

どんな人も、
他人の経験によって学び取るほど利口ではない。

――フランスの哲学者ヴォルテール

決意は遅くとも、
実行は迅速であれ。

――イギリスの詩人ジョン・ドライデン

第5章

20代は「自分」に最大の投資をする時である

――忙しさにただ流されてはならない

1

一日一時間を自分にあてる。

投資家　ウォーレン・バフェット

ウォーレン・バフェットは、「世界一の投資家」「賢人」と呼ばれている。五八二億ドル（六兆四〇二〇億円＝雑誌『フォーブズ』二〇一四年）という巨額の総資産を築いただけでなく、ウォール街的な金儲け至上主義と一線を画した投資手法、贅沢とは無縁の質素な生活ぶりが尊敬されているからである。

バフェットは、早くから「お金持ちになりたい」と思い、わずか六歳で小さなビジネスを始め、一一歳で初めての株式投資を行っている。ただ、お金持ちになりたい理由がいかにも堅実だ。他人に指図《さしず》されない、自分自身の人生を生きたいと願ったからである。「会社のため」「生活のため」ではなく、自立して生きることがバフェットの希望だった。

そのために、バフェットは幼い頃から地元の図書館にある「金融」と名のつく本はすべて読破するほど読書に打ち込んだ。読書を通じて、コロンビア大学教授で投資家でもあったベンジャミン・グレアムという恩師と出会い、また、生涯のパートナーとなるチャーリー・マンガーとも意気投合することができたのだった。

バフェットはマンガーと自分を重ね合わせ、「自分にとって一番大事な顧客は誰だろう。それは自分自身だと確信した」と言っている。そしてマンガーも毎日一時間、早朝に自分のための時間を設けたことを誰しも見習うべきだと、こう言っている。「**まず自分自身が顧客になり、次に他人のために働くべきだ。一日一時間を**（**自分に**）**あてるべきだ**」と。

バフェットはマネー情報を求めて右往左往しない。ウォール街から遠い田舎町《いなか》オマハで、読書と思索の日々を送っている。バフェットの最大の投資先は常に自分自身である。

2

みんな僕と同じ大学生だ。だから、自分に面白いものはみんなにも面白いものになる。

フェイスブック創業者　マーク・ザッカーバーグ

マーク・ザッカーバーグがハーバード大学在学中にフェイスブックのサービスを開始したのは、二〇歳の時である。最初はビジネスにするつもりはなく、一種の遊びだった。ハーバード大学では毎年、新入生の顔写真を載せた印刷物（フェイス・ブック）が配布され、学生の交流ツールになっていた。当然、多くの学生はオンライン版を欲し、大学も作成を約束した。だが、なぜか作業は遅々として進まなかった。それを見ていたザッカーバーグは、大学が何年もかかるのなら、自分は一週間で、大学よりも素晴らしいものにつくり上げられると言い出したのだ。

ザッカーバーグは一一歳の頃からコンピュータのプログラムを学んでいる。才能はすさまじく、一七歳でつくった音楽再生ソフト「シナプス」はマイクロソフトなどが一〇〇万ドル（一億一千万円）の値段をつけるほどのすぐれものだった。当然、オンライン版フェイス・ブックも、すぐに完成させている。それが大評判となり、三週間後には六千人が登録、やがて世界で一〇億人を超える人が登録するビジネスに成長したのである。

プロジェクトのスタートにあたり、ザッカーバーグはこう考えていた。「**僕はこんなふうに考えたんだ。みんな、僕と同じ大学生だ。だから、自分に面白いものはみんなにも面白くて便利なものになるんじゃないかなって**」と。

目ざすのは、お金儲けでもビジネスでもなく、「クールな（格好いい）ものをつくる」ことだった。そして、何がクールかを決めるのは他人ではなく、あくまでも自分だった。「自分がみんなの先頭に立って遊ぶ」感覚がフェイスブックの原点だったのである。

3

自分たちが必要としているものなら、きっと世の中の人にも必要なはずだ。

ぴあ創業者　矢内廣《やないひろし》

一九七〇年代から八〇年代にかけて、若者に必須の雑誌があった。一九七二年に、まだ中央大学在学中だった矢内廣が創刊した『ぴあ』である。首都圏のほぼすべての映画や演劇、コンサート、各種イベントの情報が一冊に整然とまとめられており、便利この上なかった。ほどなく中部版や関西版も出たし、八〇年代なかばからはチケット購入サービスも始まる。当時の若者にとって、この雑誌ほどありがたく、役に立つものはなかった。

矢内は福島県から上京して学生生活を送りながら、大好きな映画や演劇、コンサートをどうすれば安く、効率的に、もらさず見ることができるかをいつも考えていた。インターネットはまだ存在しない。断片的な情報なら新聞や雑誌に掲載されていたが、すべてが網《もう》羅《ら》されているわけではなかった。さらに、たとえば遠い町にある名画座の情報にやっとたどり着き、見に行こうとすると、今度は行き方がわからない。路線図を手に入れ、地図を見て調べるほかなかった。

矢内は、自分がさんざん味わってきた不便を一挙に解消する雑誌があればいいと考えた。そして自分でつくろうと思い立つ。「**友人たちにこのアイデアを話すと、誰もがそんな雑誌がほしいと言う。自分たちが必要としているものなら、きっと世の中の人にも必要なはずだと、私は友人たちと走り出したのです**」と矢内はふり返っている。

当初は販売ルートがなく途方に暮れたが、最大手の書店、紀伊国屋の社長、田辺《たなべ》茂一《もいち》の協力を得られたことから突破口が開けた。こうして、矢内が自分自身の不便を解消するためにつくった『ぴあ』は、またたく間に若者全員のバイブルとなっていくのである。

4

みんな自分の能力を疑いすぎる。自分で自分を疑っていては最善を尽くすことなどできない。

歌手　マイケル・ジャクソン

マイケル・ジャクソンは、兄弟グループのジャクソン5《ファイブ》で活動していた頃から才能が傑出していた。たとえば、アメリカの人気バラエティ番組『エド・サリバン・ショー』に出演した時、司会のサリバンは、マイケルに「君の才能がどこからやってきたのか、絶対に忘れてはいけないよ。君の才能は神様からの贈り物なんだからね」と語りかけた。また、人気エンターテイナーのサミー・デイビス・ジュニアは「この子は、パンが人類の食卓に乗った時以来のすごい奴になるよ」と、一二歳のマイケルを評している。

とはいえ、いかに才能が輝いていても、いつも栄光を手にできるわけではない。

一九七九年に発売したアルバム『オフ・ザ・ウォール』は、初めてマイケルが自分のカラーを打ち出してセールス的に大成功したが、なんとグラミー賞からは見放されてしまう。マイケルは傷つき、同時に、自分は幼い頃から史上最高売上を記録するアルバムをつくりたいと願っていたことを思い出し、次のアルバム制作に猛然と取り組み始める。

こうして取りかかったのが『スリラー』である。制作中、ある人から「もしこのアルバムが『オフ・ザ・ウォール』のようにうまくいかなかったら、がっかりしてしまうかい」と無神経に聞かれたマイケルは、内心動転しながらも、史上最高の作品にしてみせると宣言している。根拠は自信だった。「**みんな自分の能力を疑いすぎるのです。自分で自分を疑っていては最善を尽くすことなどできないんです。自分が信じなかったとしたら、誰が信じてくれるのでしょう**」と言っている。『スリラー』は世界で一億枚以上が売れ、グラミー賞八部門を受賞したが、その源はマイケルの自分を信じる力にあったと言っていい。

5

しょうがないよって、何だよ。

俳優　妻夫木《つまぶき》　聡《さとし》

失敗したり、敗北を喫したりした時、思わず「運が悪かったからしょうがないさ」とか、「相手が強すぎたからしょうがないよ」とつぶやくことがある。自分を慰め、痛手を忘れようとする言葉だ。

しかし、いつも「しょうがない」で終わっていては、成長がない。一歩、二歩と踏み込んで、「なぜ失敗したのか」「敗因は何か」を考えることが必要である。そうすることで初めて失敗や敗北が明日の希望とがんばりにつながり、成長できる。

妻夫木聡は、日本アカデミー賞主演男優賞の常連ともいえるほどの売れっ子で、映画、テレビドラマ、舞台と幅広く活躍し、日本だけでなくアジアでも人気の俳優だが、彼も同じようなジグザグを経験している。

妻夫木の初主演作は、テレビドラマ『すばらしい日々』だが、撮影現場では緊張のあまりセリフも出ず、演技も満足にできなかった。当初は「こんなもんでいいだろう」と思ったが、試写を見て、あまりのひどさに落ち込んでしまった。

そんな妻夫木を励まそうと、ある人が「初めてだからしょうがないよ」と慰めた。妻夫木が変貌《へんぼう》したのは、この瞬間だった。「**しょうがないよって、何だよ。俺はこんなもんじゃねえ**」と、かつてないほど激しい感情が湧き上がってきた。

それまでどこか遊び半分だった妻夫木は、ここから本気になった。自分がやれること、知っている限りのことはすべてやる。そして終わったら必ず反省点をチェックする。やがて「俺は俳優しかない。一生俳優をやります」と胸を張って言えるようになったのだ。

6

君は表紙を見て本を買うか否かを判断するだろう。

アップル元ＣＥＯ　マイク・マークラ

アップルを創業したのはスティーブ・ジョブズとスティーブ・ウォズニアックだが、二人とも二〇代そこそこで、お金と経営手腕を持っていなかった。そんな創業期のアップルを「企業」に成長させたのが、マイク・マークラである。三〇代なかばのマークラは、大手ＩＴ系会社でビジネス経験を積み、ストックオプション（自社株購入権）で財産も築いていた。マークラが資金を投じ、経営計画を練り上げたから、今日のアップルがある。

マークラはジョブズにビジネス戦略を教えたが、中でも大きな影響を与えたのが、イメージ戦略だった。マークラは、外見が重要な役割を果たすことを理解していた。

ＩＢＭ初代社長のトーマス・ワトソンは、一九四〇年代、ニューヨーク五番街に豪華なショールームを開設した時、「われわれは企業の規模とか評判よりもはるかに大きく、企業イメージをふくらませようとしているのだ」と言った。アップルも同様だった。コンピュータ市場の片隅で細々とやるのなら外見など気にしなくていい。しかし、業界の覇者を目ざすなら、堂々たる成功した会社らしく振る舞うことが必要である。

マークラは、中身が大切で外見はどうでもいいと考えていたジョブズに、「**君は表紙を見て、本を買うべきか否かを判断するだろう**」と、考え方の修正を迫った。そして、コンピュータフェアに参加する時は大金を投じて立派なブースをつくり、ジョブズにもパリッとしたスーツを着せて「若き成功者」を演じさせた。広告にも大金を投じる。思惑通り、アップルは創業わずか四年で株式公開を果たし、成功企業への道を歩むことになった。

外見への投資は軽薄に堕《だ》す危険性もなくはないが、成功のポイントの一つでもある。

7

自分らしく生きていくってサバイバルなんですよ。

ロックミュージシャン　矢沢《やざわ》 永吉《えいきち》

矢沢永吉をメジャーにしたのはもちろん音楽だが、カリスマ的な存在にまで押し上げたのは、「成り上がり」という言葉である。一九八七年に発売された『成りあがり――矢沢永吉激論集』で有名になった言葉で、今に至るまで矢沢の代名詞になっている。

矢沢は、「成り上がる」という言葉は誰にとっても大切だと考える。「うちは裕福だからとうそぶいている人だって、そのご先祖の誰かが成り上がったんですよ」というわけだ。

では、成り上がるには何が必要か。パワーとか根性、がむしゃらといった言葉が連想される。それらも確かに大切だが、もっと重要なのは、少しばかり臆病であることだ。

矢沢は、早くに母親と別れ、小学二年生で父親を亡くし、祖母の手で育てられた。とことん貧乏を経験しているし、いじめられたこともある。それでもグレなかったのは、音楽があったからである。その音楽の力だけで今日の栄光を手にしているだけに、矢沢は、自分の力で人生の階段を昇って行くには、時に臆病でなければならないことをよく知っている。**「自分たちの人生は自分で守らなきゃいけない。自分らしく生きていくってサバイバルなんですよ」**と言っている。

いつも自分に「後悔はしていないか」「何かおかしくないか」「間違っていないか」と質問を投げかけて、自分を納得させることができたら前に行く。「何か変だ」と思ったら声に出して言う。納得がいかなければ「ノー」を投げつける。それが、自分の人生を他人任せにしないということだ。

自力で歩くのは大変だ。でも、だからこそワクワクする。そう矢沢は考えている。

8

自分の頭で考えなければならない。

サッカー指導者　イビチャ・オシム

イビチャ・オシムは、出身国ユーゴスラビア（今のボスニア・ヘルツェゴビナ）の代表監督を経て、ジェフユナイテッド市原監督、日本代表監督となった人物だ。そのオシムは、日本選手に、いつも「**私の頭ではなく、自分の頭で考えなければならない**」という言葉をくり返し言っていた。

なぜか。日本人は規律正しく、学習する能力に長じているが、自分たちで考え、自分たちの責任でプレーすることを苦手としていたからだ。

サッカーにはもちろん規律が必要だ。統率されていない優秀なチームは、規律ある並みのチームに負けることが少なくない。しかし、サッカーには創造力も欠かせない。ゲームの流れを見ながら、何をすべきかを考えて行動する力である。「選手は監督の指示がなければ動けないロボットではいけない」というのがオシムの教えの一つだった。

野球なら、監督が作戦を選手に細かく指示できるし、バレーならタイムアウトを取ることができる。だが、サッカーでは両方ともムリだ。試合が始まってしまえば、選手はみずから考えてプレーするほかはない。監督にできるのは三度の選手交代だけというのが本当のところだ。自分たちで考えるのが何より必要なスポーツだということを、オシムはくどいほど言ったのだった。

仕事でも「指示待ち族」と言われる人がいる。上司や先輩の指示がなければ動けない人のことだ。仕事は上司が作戦を指示できるし、タイムアウトも取れる。だが、自分の頭で考え、自分の責任で行動しなければ、仕事を通じて自分が成長することはできないのだ。

9

できる限りのことはやったという実感が背中を押してくれる。

ニュースキャスター　国谷《くにや》　裕子《ひろこ》

ＮＨＫ「クローズアップ現代」のキャスターとして知られる国谷裕子は、若い頃、いくつかの挫折を経て今日の地位を手にしている。アメリカのブラウン大学を卒業後に就職した会社では、いきなりマーケティングの仕事を任され、「なぜ私を指導してくれないのか」という不満が高じて一年足らずで退社している。その後、語学力を買われてニュース番組の国際担当キャスターの一人に選ばれたが、プレッシャーと経験不足から委縮してしまい、やがて外されてしまった。それでもあきらめることなくキャスターの仕事を続けるうちに出会ったのが「クローズアップ現代」の仕事だった。

一九九三年から今も続く長寿番組だが、激しく変化する社会の問題を毎週四日も追い続けるのは並大抵のことではない。準備時間は常に足りない。それでもインタビューのために、たくさんの資料を読まなければならない。テーマによっては、資料は膨大な量になる。記者やディレクターが集めたＶＴＲを見て、どうすれば的確に伝わるかを考え、自分の言葉で話すことも求められる。

そんな厳しい現場で、国谷が大切にしているのが、**「最後はできる限りのことはやった、という実感が背中を押してくれるのです」**という経験則だ。

時間が足りないからといって、それを言いわけに中途半端な状態で現場に臨むことはできない。睡眠時間を削ってでも、疲れていても「今、自分は鍛えられている」と感じながらできる限りの準備をする。それが自信となり、自分のチャンスにつながるのである。

どんな仕事であれ、本番には万全の準備で臨むことが自分を伸ばすことになる。

◎文学の名言から　V

少にして学べば、すなわち壮にしてなすあり。
壮にして学べば、すなわち老いて衰えず。

――江戸時代の儒学者佐藤一斎《さとういっさい》

何より自分自身に対して
偉人に、聖者になることだ。

――フランスの詩人ボードレール

第6章

20代は「お金」といいつき合いを始める時だ

——殖やし方も使い方も覚えておく

1

僕がこれほどのことをできたのは、お金がなかったからだ。

アップル共同創業者　スティーブ・ウォズニアック

スティーブ・ウォズニアックは、子ども時代から数学とエレクトロニクスが得意で、天才的な技術力を発揮していた。六歳で鉱石ラジオをつくり、小学校の頃には高校生でも難しいほどのエレクトロニクス工作を楽しんでいた。コンピュータにも強い関心を持ち、一九六〇年代末にはパソコンに似た製品をつくって、「クリームソーダ・コンピュータ」

と名づけていた。だから、一九七四年に世界初のパソコンとして知られる「アルテア」が登場した時、ウォズニアックは心底驚いた。それは五年も前に自分がつくったクリームソーダ・コンピュータとほぼ同じ構造だったからだ。

しかもアルテアは四〇〇ドル（四万四千円）近くもした。画面もキーボードも何もついていないのに、当時のウォズニアックの月給くらいの値段だった。それも当然だった。アルテアに使われている部品は、お金がなくて安い部品ばかりを使ってきたウォズニアックからすれば、バカバカしいほど高価だったのだ。

ウォズニアックは、安い部品を使って、より完全なコンピュータをつくろうと決意する。アルテアと同じ値段なら、自分は、はるかにすごい製品をつくれる。ここから誕生したのが伝説のパソコン「アップルⅠ」だった。友人のスティーブ・ジョブズが、趣味の品だったこのマシンに価格をつけて売ったことから、ウォズニアックはジョブズとアップルを創業、世界を変えた名機「アップルⅡ」を生み出すことになった。

「**僕がこれほどのことをできたのは、お金がなかったからだ**」とウォズニアックは言っている。お金がないことは必ずしも不利なことではない。有利な場合すらあるのだ。

2

金がないから何もできないと言う人は、金があっても何もできない。

阪急東宝グループ創業者　小林《こばやし》　一三《いちぞう》

小林一三は、無一文から自分の知恵とアイデアだけを武器に阪急東宝グループを創業し、育て上げた人物である。小林は慶応義塾大学を卒業後、三井銀行に就職して大阪支店に勤務したが、ほどなく辞めている。尊敬していた支店長が新しく証券会社を設立しようと退職する時に小林を誘い、それに応じたのだ。ところが、不況で証券会社設立の話が流れてしまう。同情した支店長が小林に紹介したのが阪鶴《はんかく》鉄道（今のＪＲ福知山線）だった。

阪鶴鉄道は国有化される予定で、同社はその前に箕面《みのお》有馬《ありま》電気軌道という新会社の立ち上げを計画していた。大阪の梅田と池田間を結び、有馬に延びる路線である。ただ、当時の沿線予定地は人家もまばらで採算の見込みはなく、新会社は倒産するだろうと多くの人は見ていた。小林は新会社を成功させる方法はないかと考え抜き、沿線に住宅を建てて分譲するアイデアを思いつく。今では普通のビジネスだが、一九〇〇年代初めの当時としては画期的な案だった。

問題は資金だった。経営難の会社に金はなく、一介のサラリーマンで三四歳の小林にももちろん金はない。しかし、小林は「**金がないから何もできないと言う人間は、金があっても何もできない人間である**」と考えた。

小林は、阪鶴鉄道の役員に、失敗したら損失をすべて一人で負担すると宣言し、たった二人の社員と設立準備に入る。そして、関西財界の大物たちを説得して箕面有馬電気軌道を成功に導くのだ。沿線に住宅を建設、販売することで住民は増え、電車の利用者も急増した。画期的なアイデアは、しばしば、ないないづくしの中から生み出されるのだ。

3

儲けた金には損がついて回る。貯めた金には信用がつく。

相場師　山崎《やまざき》 種二《たねじ》

山崎種二は立志伝中《りっしでんちゅう》の人物である。その生き方は、「投資家」と呼ぶより「相場師（投機家）」のほうが似合う。一九〇八年、高等小学校卒業と同時に、わずか八六銭（一万七二〇〇円。一円＝二万円換算。以下同）を懐《ふところ》に東京に出て、父親のいとこである山崎繁次郎《やまざきしげじろう》が営む山繁商店の小僧になる。掃除や使い走りといった下働きを積みながら、一六歳の頃からは各地の農家を主人のお供として見て歩き、米相場の下地を身につけている。

やがて一九二〇年頃から米相場を手がけ始め、差し引きトントンの時代を経て独立する。ほどなく相場が当たって三〇万円（六〇億円）という大金を手にし、「山種《やまたね》」と呼ばれる一人前の仕手《して》（相場師）になっていった。一九三六年の二・二六事件で相場が乱高下した時には、五〇〇万円（一千億円）を儲けたともいわれる。

しかし、山崎の商売の基本は地味な儲けを大切にすることにあった。相場は、どんなに派手に儲けても、たった一度の失敗ですべてを失う世界である。「一夜成金」「一夜乞食」にならないためには何が必要か。信用である。山崎は取引先の信用を得るために、借りた金は必ず期日に返すようにし、また、銀行の信用も得るために、毎月コツコツと預金を積み上げた。相場の儲けに比べれば、銀行の金利などわずかなものだが、辛抱強く続けた。

お金が先か、信用が先かと言えば信用が先になる。「**儲けた金には損がついて回る。貯めた金には信用がつく**」というのが山崎のモットーだった。

山崎は築いた信用をバックに「相場の神様」と呼ばれるようになった。やがて山崎証券を設立、東京穀物商品取引所の初代理事長を務め、山種美術館も設立している。

4

頂いたお金は自己投資して、三ツ星レストラン、美術館などに行き全部吸収してきなさい。

フレンチシェフ　三国《みくに》 清三《きよみ》

「若い頃の苦労は買ってでもしろ」という言い方がある。若い頃は、お金に恵まれないものだが、その限られたお金を何に使うかは、のちのち大差になってくる。

東京、四谷のフランスレストラン「オテル・ドゥ・ミクニ」のシェフで知られる三国清三の若い頃の生き方も、「若い頃の経験はムリして買ってでもしろ」というものだった。

三国は夜間の料理学校を卒業したあと、札幌グランドホテル、帝国ホテルを経て、二〇歳の若さで在スイス日本大使館付きの料理長になっている。帝国ホテルの有名料理長、村《むら》上信夫《かみのぶお》が推薦してくれたからである。

ホテルでの仕事はほとんどが洗い場だ。地味でつらい作業が続く。だが、三国は自分の仕事をこなしたうえ、営業終了後にみんなで洗う寸胴鍋《ずんどうなべ》などもすべて自主的に洗っていた。また、料理の勉強も独力で続けていた。村上は、そんな三国の様子をじっと見ていたのである。三国を大使館に送り出す時、**「大使館で頂いたお金は自己投資して、料理店や三ツ星レストラン、美術館などに行き全部吸収してきなさい」**とアドバイスした。

その言葉通り、三国は大使館の仕事のかたわら、いくつものレストランを訪ね、有名シェフに会い、厨房《ちゅうぼう》で働き、話を聞き、メモをした。やがてヨーロッパの三ツ星レストラン「トロワグロ」「オーベルジュ・ド・リル」で働くようになった三国は、日本人のアイデンティティがある料理を追求するようになり、帰国後「オテル・ドゥ・ミクニ」をオープンしたのである。稼いだお金は自分に投資してきたため、開店資金はなかった。だが、「君には信用と腕があるじゃないか」という人たちに出会い、店を出せたのだった。

5

金儲けのために悪魔に変身してしまう人もいる。お金を何に使うのかという目的をはっきりさせておくこと。

実業家　イーロン・マスク

経営するテスラ・モーターズで画期的な電気自動車「ロードスター」などを開発し、同じく経営するスペースXでは開発したロケットでNASA（アメリカ航空宇宙局）と契約するなど、イーロン・マスクは世界中から注目されている。

しかし、そのスタートは貧乏との闘いだった。マスクは南アフリカ出身で、アメリカに渡ってきた時から無一文だった。やがてスタンフォード大学大学院入学というエリートコースに乗るが、それをわずか二日で中退し、弟と最初の会社「ジップ2」を創業している。貧しさは変わらず、それどころか学費をローンで借りていたため借金を抱えていた中での創業だった。アパートより安い事務所を借りて寝泊まりし、シャワーは近くの公共施設で浴びる。コンピュータも一台を夜はプログラミングに、昼はウェブサーバーとして使う。

それでもマスクは不幸ではなかった。「貧しくてもハッピーであることは、リスクを取る際に非常に大きな助けになります」と語っている。

苦労は報われた。ジップ2が大手企業に買収されて大金を手にしたのだ。そのお金を資金に創業した会社もまた買収されて、マスクは何百億円もの富を得たのである。

普通の若者なら、ここで富豪生活を大いに楽しんでもムリはない。だが、マスクは富をテスラ・モーターズやスペースXに投じ、学生時代からの夢だった「世界を救う」ビジネスを本格化させることになった。「**金儲けのために悪魔に変身してしまう人もいるが、大切なのはそのお金を何に使うのかという目的をはっきりさせておくこと**」と言っている。

無一文でも絶望しないし、富豪になっても浮かれない。それが成功者の条件であろう。

6

お金が目当てで会社を始めて、成功させた人は見たことがない。

アップル創業者　スティーブ・ジョブズ

アップル創業者スティーブ・ジョブズの青春は放浪の時代だった。親に経済的なムリをさせて入った大学は中退。職場では裸足《はだし》でうろつき、人を射るような目で見るので鼻つまみ者になる。友人とインドを転々とする。曹洞宗《そうとうしゅう》の僧侶について禅の修行もしている。

そんなジョブズが変わったのは、友人スティーブ・ウォズニアックがつくった「アップルI」に夢を見出してからである。それ以降、ジョブズは「世界を変える製品をつくる」「宇宙に衝撃を与えよう」というビジョンを実現するために一心に働くようになった。

ビジネスだからお金は当然動くが、「お金を儲けたいから」という動機はまったくないのがジョブズである。いい仕事をするには、「動機こそが大切なのだ」「アップルの第一の目標は世界一のパソコンをつくることだ。最も大きな企業になることでも、最も金持ちの企業になることでもない」と語っている。

ジョブズの人生は浮沈が激しい。アップルの成功で二五歳にして史上最年少の金持ちと呼ばれるが、五年後にはアップルから追放され、「全米で最も有名な失業者」になる。失業中に経営した会社ピクサーやネクストには膨大な私財を投じている。お金が目当ての経営者なら、どこかの段階でリタイアしていただろう。

ジョブズは、起業したいと相談に来る若者には必ず動機を尋ね、「金儲け」と答える人には「やめたほうがいい」とアドバイスしていた。こう言っている。「**お金が目当てで会社を始めて、成功させた人は見たことがない。まず必要なのは、世界に自分のアイデアを広めたいという思いなのだ。それを実現するために会社を立ち上げるのだ**」と。

7

どれほど稼いだかを尺度に人生を歩んでいくなら、遅かれ早かれ厄介な問題に巻き込まれる。

投資家　ウォーレン・バフェット

世界一の投資家ウォーレン・バフェットの名声を一躍高めたのは、投資銀行ソロモン・ブラザーズの不正事件だった。社員ポール・モウザーの不正行為などのスキャンダルが次々と発覚して、倒産の危機に瀕《ひん》したのである。ソロモンの大株主であるバフェットは、請われて暫定《ざんてい》会長となり、同社をみごとに救済した。

人の欲は果てしない。二千万円の年俸をもらえばたいてい満足するが、もし同僚の年俸が二千万円以上だったら、たちまち不満を感じてしまう。不正を働いたモウザーがそうだ。五〇〇万ドル（五億五千万円）もの報酬をもらっていたが、元同僚の報酬のほうが多かったことを知り、憤激して不正を働いた。

バフェットが最も嫌うのは、そういう強欲である。バフェットは、ソロモンの価値観を逆転させた。これからは何ひとつ隠さず、捜査に全面協力すると宣言した。不正を正直にただし、犯罪者は辞めさせた。そしてソロモンを誠実な会社に生まれ変わらせた。

一歩間違うとバフェットが築き上げた名声を失いかねない危うい仕事だったが、大変な苦労の末にソロモンは持ち直す。バフェットは会長職を退き、故郷オマハに帰っていった。

お金には強欲や不正がとかくつきまとう。それを正直、誠実に逆転させたバフェットには、賢人という名誉が加わった。それは、富では買えない価値であった。

バフェットは、強欲なウォール街的な価値観を、こう厳しく批判している。**「どれほど金を持っているか、去年どれほど稼いだかということを尺度にして人生を歩んでいくなら、遅かれ早かれ厄介な問題に巻き込まれるでしょう」**と。

◎文学の名言から　Ⅵ

自己の所得以上に望まぬ者は
富者である。

――古代ローマの哲学者キケロ

節約はかなりの収入なり。

――ネーデルラント出身の神学者エラスムス

第7章

20代は「傷つきながら成長する」時である

――「若気の至り」は一生の財産になる

1

やりたいことがうまくいかなかったら、できることから突破口を探す。

物理学者　小柴《こしば》 昌俊《まさとし》

ニュートリノの検出でノーベル物理学賞を受賞した小柴昌俊は、中学時代にかかった小児マヒで、「父親のような軍人になる」という幼い頃の夢が消え、さらに学校に通うのにも苦労するようになった。だが、なにくそという「本気の力」で目標をクリアしている。

たとえば大学は物理学科に進みたいと思っていたが、アルバイトで家計を支える生活の中では限られた勉強時間しかなく、先生たちに「ムリ」と言われている。しかし、本気の力で東京大学理学部に入った。

ただし、理論物理学に進む夢だけは、かなわなかった。先輩に誘われて実験物理学に進んでいる。当時、「実験」は、「理論」より汗臭い仕事として一段低く見られていた。しかし、そんなことにこだわらず、「声をかけられたら動いてみるほうがいい」と実験物理学に進んだことが、小柴に成功をもたらしたのである。「**当初やりたいことは理論物理だったけれど、自分にできることは実験物理だった。やりたいことがうまくいかなかったら、できることから突破口を探すことです**」とふり返っている。

誰しも「やりたいこと」を持っている。若い頃はとくに夢は大きく、あこがれは果てしないものである。しかし、現実は厳しく、やりたいことができるとは限らない。あきらめなければならないことのほうがむしろ多い。

そんな時、「やりたいこと」の近くにある「できること」から始めるのも、一つの生き方だ。コツコツと粘れば、意外な道が開けることが少なくない。小柴が素粒子観測装置の「カミオカンデ」でニュートリノを発見して栄光を手にしたのは、六〇歳の時であった。

2

試練はいつかのためのごほうびだと考えると、逃げずに受け止められる。

女優　宮沢《みやざわ》りえ

宮沢りえは一一歳の頃からモデルとして活躍していたが、多くの人に鮮明な印象を与えたのは、「三井のリハウス」のＣＭで演じた白鳥麗子《しらとりれいこ》役だろう。この一本で宮沢の人気は不動になったが、ほどなく人生は暗転する。有名力士との婚約解消をはじめ、拒食症の噂、既婚男性との交際の噂などマスコミにネガティブ情報をずいぶん流されたのだ。

それを嫌ってアメリカのサンディエゴに移り住んだ時期もある。芸能活動も一時休止になっている。それを乗り越え、三〇代から本格的に映画や舞台に挑戦、今や日本を代表する女優の一人に成長している。

当時をふり返って宮沢は、「苦難をまったく経験しないで五〇歳になるのと、経験して五〇歳になるのとだったら、苦しみや悲しみを知っている人のほうが豊かな気がするんです」と言っている。そして、**「試練はいつかのためのごほうびだと考えると、逃げずに受け止められる」**と続けている。

逃げながら人にたたかれるとすごく痛いが、「たたいてみろよ」と言いながらたたかれる時は、案外大丈夫だという。次のことを考えられるからだ。同じように、苦難から逃げようとしていると苦痛は増すが、「これを乗り越えれば、次はいい展開が待っている」と考えれば苦痛はやわらぐものだ。積極的に立ち向かう精神力も湧いてくる。

単に言葉だけで「苦難や試練はごほうびだ」と言われても絵空事《えそらごと》に感じるが、若くして栄光から苦難への道をたどり、そこからよみがえった宮沢の今を見ると、その言葉が本当であることがわかる。

3

コントロールできないものに気を病むのではなく、できることを精一杯やろう。

元プロ野球選手　松井《まつい》 秀喜《ひでき》

野球は失敗のスポーツである。たとえば、プロ野球のバッターは三割打てば一流とされるが、つまり七割は打ち取られるわけだ。こんな成功確率で一流と呼ばれる分野は、スポーツでもビジネスでも、あまり存在しないのではないだろうか。

読売ジャイアンツを経て、大リーグのニューヨークヤンキースに移籍して活躍したスラッガー（強打者）松井秀喜は、失敗のスポーツという野球の特性からして、失敗とつき合うことが大切だといつも考えていた。自分自身も、栄光の道を直進してきたわけではない。高校時代は甲子園で五打席連続敬遠により敗退している。ドラフトでは阪神にあこがれながら巨人に選ばれている。巨人時代は二年連続でわずか一本差でホームラン王を逃した。膝《ひざ》の怪我も経験した。大リーグ移籍後も、最初は「ゴロキング」とマスコミに叩かれた。スライディングキャッチで左手首を骨折し、リハビリに長くかかった。

　こんなにもたくさんの挫折と、松井はどうつき合ってきたのだろうか。「**コントロールできないものに気を病むのではなく、できることを精一杯やろう**」と言っている。過去の失敗を悔やんだところで、過去に戻ることはできない。それなら前を向いて練習に励み、未来を変えていけばいいのだ。たとえば敬遠のボール攻めにイライラしたら負けになる。相手にストライクを投げさせることはできない。だから「一球でも好球が来たら必ず打とう」と言い聞かせる。マスコミの記者をコントロールすることはできない。だから、記事は気にせずプレーに全力を尽くせばいい。この姿勢を貫くことで松井は大リーグのワールドシリーズでＭＶＰを獲得し、かつマスコミに愛されるメジャーリーガーとなった。

4

教わって覚えたものは浅いけれど、自分で苦しんで考えたことは深い。

シャープ創業者　早川《はやかわ》　徳次《とくじ》

早川徳次は逆境の人生を送っている。二歳の頃、他人に預けられて育てられる「里子《さとご》」に出される。食事はしばしば抜かれ、学校から帰ると内職、わずか七歳で錺《かざり》（金属細工）職人の店に奉公《ほうこう》に出されている。幼い早川にとってあまりに厳しい境遇だったが、やがて腕のいい職人に成長し、さらに時間を見つけては工夫をするようになった。

最初に発明したのが、穴を開けずにベルトを止められるバックル「徳尾錠《とくびじょう》」だった。これが売れ、早川は独立する。次に、水道の蛇口《じゃぐち》につけて水を自由な方向に出す「水道自在器」、その次には社名の由来となった「くり出し鉛筆」、つまり現在の「シャープペンシル」と順調に発明を続け、商売も伸びていく。

そこを襲ったのが関東大震災だった。早川はすべてを失ってしまう。しかし発明欲は衰えず、大阪に移って早川金属工業研究所を設立、国産ラジオ受信機第一号となる小型鉱石ラジオ、国産テレビ第一号機、世界初のオールトランジスタ電子卓上計算機などを完成させ、シャープの基礎を築くのだ。

なぜ、これほどの逆境を乗り越えられたのか。すべては奉公時代の経験にあった。早川は技術を習いたいと願ったが、主人は「仕事は習うものではない。自分でやろうと思うものだ」と決して教えてくれなかった。やむなく早川はじっと観察し、自分で考え、工夫して技術を身につけていった。のちに、「**教わって覚えたものは浅いけれど、自分で苦しんで考えたことは深いんですよ**」と述懐している。

教えてもらえないという逆境が、早川の技術を応用のきく確かなものに鍛えたのだ。

5

いいことしか言われない時期は「まだまだ」。悪いことも言われて一流。それを超えてこそ超一流。

サッカー選手　三浦《みうら》 知良《かずよし》

アスリートの評価は、試合の結果でころころと変わる。熱心なファンほど、勝てばほめそやし、負ければぼろくそにけなしがちだ。中でもサッカーは毀誉褒貶《きよほうへん》が激しく、スーパースターであるC・ロナウド（レアル・マドリード）だろうが、メッシ（FCバルセロナ）だろうが、少しでもゴールから遠ざかると猛烈なブーイングにさらされる。

「キングカズ」こと三浦知良は、プロサッカー選手としてのスタートをブラジルで切っている。一五歳で単身ブラジルに渡ったのだ。ブラジルはサッカー愛の国であり、それだけにほめる、けなすの差も激烈だ。デビューして間もない頃、三浦は一〇点満点で「二点」をつけられている。普通の最低評価は四点台なのに、「荷物をまとめて日本に帰れ」という寸評とともに、屈辱の二点を突きつけられたのである。

当時、三浦はまだ一〇代である。こうした評価がとても怖かったのは当然だ。だが、試合を重ね、実績を積むにつれて、批判も賞讃も、すべて背負えるようになっていく。そして、「**いいことしか言われない時期は『まだまだ』なんです。悪いことも言われて初めて一流に近づく。それを超えてこそ超一流**」という境地に達していく。

けなされるのはいやだが、批判から学び、悔しさを思い知り、もまれることで人は確実に成長できると考えるようになったのである。

このブラジルこそ、三浦が「サッカーで食べられるようになった」場所である。ここでのがんばりがあったから、「今もプロとして食っていける」のだと言う。日本に帰って大スターになっても、原点はブラジルで激しくもまれた日々にある。

6

失敗のレポートを書いておけ。

トヨタ自動車最高顧問　豊田《とよだ》　英二《えいじ》

若い時代は果敢に挑戦することが必要だが、挑戦には失敗もつきものである。失敗したら、どうすればいいいか。トヨタ自動車を世界的なメーカーに育て、社長、会長、最高顧問を歴任した豊田英二は、社員の挑戦をあと押しする名人であり、失敗とのつき合い方を教える名人でもあった。たとえば、かつて若いトヨタマンが製品開発に必要な機械をアメリカから購入したところ、予想と違って使えなかったことがある。稟議《りんぎ》を経ての購入だったとはいえ、会社に大損害を与えたことになる。若いトヨタマンは責任を感じ、管理者の豊田のところに行って謝罪した。叱責を覚悟していたが、豊田氏は「失敗の理屈（理由）はわかったのか」と尋ねる。「わかりました」と答えたところ、「わかればいい、その失敗は君の勉強代だ」と、それ以上何も言わなかった。

豊田は「カローラ」の開発を主導、日本にモータリゼーションを起こした人物である。失敗しても萎縮せず、思い切ってやることの大切さを誰よりも知っていた。だから社員の失敗を責めることはなかったのだ。ただ一つ、失敗のあと始末について、こう話している。

「社内では失敗してもいいから思い切ってやれと言っている。そしてその失敗のレポートを書いておけと言っている。それを書かないでただ覚えているだけだと次の世代まで伝わらないからダメだ」と。

失敗を次の成功につなげるためには、失敗を放置してはならない。小さな失敗でも二度とくり返さないように、失敗した理由と対策をまとめてレポートとして保管する。そうすればみんなが経験を共有できるというのが豊田の考え方だった。

7

すべてを失ったからこそ、最後のチャレンジができるものなんです。

フェンシング選手　太田《おおた》 雄貴《ゆうき》

二〇〇八年の北京オリンピックで日本フェンシング界史上初のメダルを獲得、二〇一二年のロンドンオリンピックでは団体でもメダルをもたらし、二〇二〇年東京オリンピックの招致でも活躍した太田雄貴は、幼い頃から父親とともに休むことなく練習に明け暮れて強くなったことで知られている。

練習の成果は確実に現れ、二〇〇四年のアテネオリンピックで、一八歳にして日本歴代最高の九位に入る。エースとして順調に世界のトップに成長すると誰もが信じた。だが、翌年から突然のスランプに襲われる。ルール変更も影響したのだろう。オリンピック後のインカレ（全日本大学選手権大会）でも敗れ、学生チャンピオンのタイトルを失う。

世界でも日本でも勝てず、学生にも勝てない。それまで自信満々だった太田は、負けるという現実を前に、プライドのすべてが崩れ去ったという。

当時、太田は日本フェンシング協会のコーチ、オレグ・マッツェイチュクの指導を認めていなかった。だが、すべてを失って、オレグが指導する日本選手が結果を出しているのに改めて気づく。そして、初めて指導を仰ぐ決心をした。「**すべてを失ったからこそ、人間は最後のチャレンジができるものなんです**」と太田は言っている。

オレグの指導のすべてが合っていたわけではない。しかし、「強くなりたい」という気持ちが、一言一句を聞き逃すまい、すべてを吸収しようという気持ちにつながり、太田は強さを回復するのである。太田は当時の自分を、「人間は一回落ちないと、はい上がっていけないと今は思っている」ともふり返っている。

8

許される失敗は、進歩向上を目ざすモーションが生んだものだけ。

本田技研工業創業者　本田《ほんだ》 宗一郎《そういちろう》

ホンダには「失敗大賞」があるほど、失敗を重んじる社風がある。それは創業者の本田宗一郎が誰よりも失敗の価値を高く評価していたからだ。本田は言う。「成功は周囲からは華やかに見えるけれども、実は九九・九九％の（失敗の）上に立っている〇・〇一パーセントが成功なんです」と。

成功を手にするためには、たくさんの失敗が欠かせない。失敗した時には「どうして失敗したのか」を考える。失敗も生かして使えば成功の糧《かて》となる。それが本田の考え方だ。

しかし、本田はどんな失敗でもよしとしていたわけではない。失敗にも、よい失敗と悪い失敗があると厳しく分けていた。

悪い失敗とは、仕事を甘く見て失敗した場合や、注意を怠って失敗した場合をさす。こうした失敗に関して、本田はとても厳しかった。まして、同じ失敗を二度しようものなら、「てめぇ、会社をつぶす気か」と怒声が飛んできた。

本田は言う。「**人間に許される失敗というものは、進歩向上を目ざすモーションが生んだものだけに限る**」と。

若い人に「失敗を恐れるな」と言うのはかまわない。失敗を恐れず新しいことに挑戦するのは大切だし、そこから生じる失敗も、ある程度は仕方のないことだ。かといって、そこに注意不足や甘え、準備不足があるなら、そんな失敗は絶対に許されない。失敗には完全なロスとなる失敗と、進歩向上の芽生えである失敗がある。

失敗には二つの失敗があると知ることも、挑戦するうえではとても大切である。

9

才能ある若手にこそ、挫折を経験させなければならない。

サッカー監督　ヨハン・クライフ

ヨハン・クライフは史上最高のサッカー選手の一人であっただけでなく、監督としても素晴らしい結果を出している。「名選手必ずしも名監督ならず」と言われる中で、クライフはまぎれもなく名選手にして名監督だった。

クライフはオランダのアヤックスやスペインのバルセロナで選手として活躍、代表として西ドイツ・ワールドカップ準優勝の原動力となった。そればかりか、すでに選手時代から「トータルフットボール」によって「美しいサッカー」を追求している。

やがて監督となったクライフは、アヤックスを経てバルセロナの監督に就任、リーグ四連覇や、クラブ初のＵＥＦＡ（欧州サッカー連盟）チャンピオンズカップ優勝をもたらす。そのチームは「ドリームチーム」と呼ばれている。

クライフは選手を育て、生かす名手だった。甘やかされたプレーヤーはダメになると、才能ある若手にはいつも厳しい試練を課した。アヤックス監督時代も、のちに名将アリゴ・サッキの下で「グランデ・ミラン（抜群の成績を上げた一九九〇年代なかばの偉大なるミラン）を牽引《けんいん》することになるマルコ・ファン・バステンやフランク・ライカールトといった才能のある若手を、レベルの高いチームに混ぜたり、強豪と戦わせたりしている。

才能ある若手は、確かにその年代では群を抜く。しかし、年長のチームと戦えば、体格などで圧倒される。そんな時はいかに圧倒されないようにするかを考えるし、それが成長につながる。クライフは「**才能ある若手にこそ、挫折を経験させなければならない。挫折は、その選手を成長させる最大の良薬だからである**」と言っている。

10

やりたい仕事を続けていくと、必ず前に立ちはだかる存在はある。

作家　瀬戸内《せとうち》 寂聴《じゃくちょう》

瀬戸内寂聴（旧名晴美《はるみ》）は子どもの頃から小説が好きで、書きたいという情熱はずっと持ち続けていた。東京女子大学在学中の二一歳で見合い結婚し、子どもも生まれるが、夫の教え子と恋に落ちて夫と娘を置いて家を出たあとに、小説を書き始めている。「突然書きたい、書きたいと突き進んだ」結果が小説家だったという。

才能はもちろんあった。だが、大きな壁にもぶつかっている。たとえば、新潮同人雑誌賞受賞後の第一作となった『花芯《かしん》』を発表した時は、批評家たちから「ポルノ作家」「子宮作家」と批判され、文芸誌からの執筆依頼がぱったり止まるという経験をしている。

しかし、瀬戸内は、下品な批評によって不快になりはしたものの、自分の仕事に自信を持っており、「コンチクショウ」と思うだけで、恥じたことは一度もなかったという。もしもこの時期、批評家たちや世間の顔色を気にして、それに合わせていこうとしたら、今の瀬戸内はなかったかもしれない。

瀬戸内は「**好きな仕事、やりたい仕事を続けていくと、必ず前に立ちはだかる存在はある。それは上司かもしれないけれど、いつか変わる。グズグズ言わずやり抜きなさい**」とアドバイスしている。

自信があっても、正しい道であっても、「やりたい」「好きだ」と訴えても、みんなが賛同してくれるとは限らない。たくさんの反対や批判があることも少なくない。だが、本当に自信があり、正しくて、やりたいことなら、堂々と前に進めばいいのである。批判などは気にしなくていい。いつか向きが変わる風のようなものなのだ。

11

失ったのは財産だけではないか。その分だけ経験が血や肉となって身についた。

日清食品創業者　安藤《あんどう》 百福《ももふく》

何かに挑戦したものの結果が思わしくなく、敗北感だけが残ることがある。しかし、本当にそれだけで終わるのだろうか。挑戦した経験は、必ずいつか生きてくるはずだ。

カップヌードルで世界の食文化を変えた安藤百福がチキンラーメンの開発に成功したのは一九五八年、四八歳の時だった。あまりに遅い成功に思えるが、それには理由がある。

安藤は義務教育を終えるとすぐに呉服屋の祖父の手伝いを始め、二二歳で独立、メリヤスを扱う問屋業を始めている。それ以外にもさまざまな事業を手がけたが、戦争によって事業はすべて灰燼《かいじん》に帰してしまう。再起を期して始めた製塩業では脱税の疑いをかけられ、戦犯が収容されたことで有名な監獄、巣鴨《すがも》プリズンに収監されたりしている。

その後、大阪で新しく設立された信用組合の理事長に請われて就任したものの、信用組合が破綻し、資産も信用もすべてを失っている。

これは相当こたえたはずだが、安藤はそれでもめげなかった。戦後の闇市《やみいち》で、ラーメンの屋台に寒さに震えながら行列する人を見た時の「一杯のラーメンのために人々はこんなに努力するものなのか」という感動を思い出し、チキンラーメンの開発をたった一人、自宅の小さな小屋でスタートしている。

なぜ挫折の中で何度も何度も挑戦する勇気が湧いてきたのか。「**失ったのは財産だけではないか。その分だけ経験が血や肉となって身についた**」と安藤は言っている。完成したチキンラーメンは大ヒットとなり、カップヌードルにつながっていく。安藤は、苦しい経験が常識を超える力を発揮させてくれたと言う。挫折には不思議な力があるのだ。

12

われわれは戦争に負けたのであって、奴隷になったわけではない。

官僚、実業家　白洲《しらす》次郎《じろう》

白洲次郎が今も尊敬されているのは、GHQ（連合国軍最高司令官総司令部）が日本を占領していた時代、日本人としての誇りを何よりも大切にして、最高司令官のマッカーサーにさえはっきりとものを言ったからである。たとえば一九四五年のクリスマスの日、白洲次郎は昭和天皇からの贈り物をマッカーサーに届けている。ところがマッカーサーは「適当にそのへんにでも置いてくれ」と、ぞんざいな態度をとった。白洲は「天皇からの贈り物を、そのへんに置けとは何事か」と激怒、マッカーサーもさすがに謝ったという。

白洲は「**われわれは戦争に負けたのであって、奴隷になったわけではない**」と言い、敗北したことは確かだが、必要以上に卑屈になることはないと考えていた。

その姿勢がはっきりと示されたのが、公職を離れ、野に下っていた白洲を吉田茂が特別顧問として随行したサンフランシスコ講和会議でのエピソードだ。

講和条約の受諾演説を行う二日前、白洲は外務省が用意した英語で書かれた演説原稿を見て激怒した。「講和会議は、戦勝国の代表と同等の資格で出席できるはず。その晴れの日の演説原稿を、相手方と相談したうえに、相手側の言葉で書くバカがどこにいるか」と。

白洲はイギリス留学が長く、流暢《りゅうちょう》なイギリス英語を話す。そういう達人から「日本語で書け」と言われ、外務省は返す言葉がなかった。

原稿は急遽《きゅうきょ》、日本語に改められ、内容も書き直された。吉田は日本語で堂々と演説を行い、その夜、白洲は感激して号泣したと伝えられている。GHQはそんな白洲を「従順ならざる唯一の日本人」と評している。

◎文学の名言から　Ⅷ

青年の辞書の中には
「失敗」という文字はない。

——イギリスの小説家ブルワー・リットン

われわれの目的は成功ではなく、
失敗にたゆまずに進むことである。

——イギリスの小説家ロバート・スティーヴンソン

第8章

20代は「理想」をどこまでも育てる時だ

――「今はムリ」だから将来に賭けるのだ

1

問題はどの土俵を選ぶかだ。土俵選びのためなら一年かけても二年かけてもいい。

ソフトバンク創業者　孫《そん》 正義《まさよし》

日本でも「いずれは一国一城の主《あるじ》」を目ざして起業を考える若者が増えてきた。そんな若者にとって、徒手空拳《としゅくうけん》で起業したソフトバンクを、ヤフーや福岡ソフトバンクホークスなど一三〇社あまりを傘下《さんか》に持つ大企業に育てた孫正義は、カリスマの一人である。

一九八〇年、カリフォルニア大学バークレー校を卒業して帰国した孫は、アメリカ時代に起業した会社は副社長に任せ、福岡県でユニソン・ワールドを立ち上げる。しかし、この時点では、「何をやるか」は決めていなかった。何をやるかを決めるのが同社の役目のようなものだった。「やるからには日本一」が孫の目標だが、どの業界であれ、日本一は簡単ではない。かといって、手っ取り早く規模が小さい業界を選べば、ある程度成長すれば頭打ちになる。そうなってから別の業種に移るのはお金と時間のムダだ。

孫はこう考えた。**「問題はどの土俵を選ぶかだ。一度選んだら、これから何十年も闘わなければならないのだ。その土俵選びのためなら一年かけても二年かけてもいい」**と。

孫は土俵を選ぶ条件を二五項目決め、四〇の事業アイデアを出す。一つひとつ膨大な資料を集めて検討し、点数をつけた。総合点が最も高いものを一生の仕事とするつもりだった。そこから算出されたのがコンピュータ業界であり、パソコンソフトの卸業《おろしぎょう》だった。

八一年、孫は社名をユニソン・ワールドから日本ソフトバンクに変更し、本社も福岡から東京に移す。そして同年、上新電機にソフト売り場のすべてを任される。そこから急成長が始まることになった。

ビジネスにスピードは大切だが、準備には時間をかけることのほうがより大切である。

2

絶対に金持ちになるまい。ただ大きな仕事はしてやろう。

日産コンツェルン創設者　鮎川《あいかわ》　義介《よしすけ》

一八八〇年生まれの鮎川義介は、明治維新後に没落したとはいえ長州《ちょうしゅう》萩藩《はぎはん》（山口県萩市）の上士《じょうし》階級の家柄で、大叔父《おおおじ》が明治の元勲《げんくん》、井上馨《かおる》だった。そのため、東京帝国大学機械工学科に在学中は井上邸に住んで、恵まれた学生生活を送った。ところが卒業後は、どんな大企業にでも就職できる帝大出の工学士だというのに、芝浦製作所（東芝）に「職工《しょっこう》」

として入社している。

工学士ならば月給四五円が確実だった。しかし、職工となれば日給制で、金額も四八銭《せん》（二五日労働で月給一二円）にすぎない。なぜ、あえてそんな生き方を選んだのか。鮎川は、**「俺は絶対金持ちになるまい。ただ大きな仕事はしてやろう。願わくば人の行い得ないで、しかも社会公益に役立つ方面を切り開いていこう」**という気持ちだったと語っている。

井上邸で学生生活を送った鮎川は、出入りする上流階級や富裕層の姿をつぶさに観察した結果、多くは言動に裏表があり、彼らが関係する企業には自分の人生を託さないと考えたのだ。それよりも起業するほうがいい。そのためには現場で経験を積み、実地に役立つ知識を身につける必要がある。それゆえ職工になったのである。

鮎川は芝浦製作所時代に経験を積んだうえ、二年間で七〇〜八〇もの工場を見学、最新の工業技術を得るために渡米を決意する。そしてアメリカで鋳物《いもの》工場の見習工として働きながら技術を習得、帰国後に戸畑《とばた》鋳物株式会社を設立した。やがて、義弟の久原房《くはらふさ》之助《のすけ》の久原財閥を吸収、日産コンツェルンを築き上げ、トヨタとともに日本の自動車産業の先駆けとなっている。すべては富裕層の下につかないと決意した若き日の理想の結実だった。

3

ディズニーに行って監督になるか、ここにとどまって歴史をつくるか。

アニメーション映画監督　ジョン・ラセター

ディズニー長編アニメーション映画『アナと雪の女王』の世界的ヒットの最大の功労者は、映像制作会社ピクサーのジョン・ラセターだ。スティーブ・ジョブズが一九八六年に創業したピクサーをディズニーが二〇〇六年に買収して完全子会社にし、低迷していたアニメ部門の復活を託したのだが、ラセターは期待にしっかり応えたことになる。

ラセターは早くからアニメに夢をかけていた。大学もウォルト・ディズニーが創設したカリフォルニア芸術大学に進むなど、理想とするアニメづくりに直進する。学生アカデミー賞アニメ賞も受賞し、卒業後はあこがれのディズニーに就職している。

ところが、ほどなくディズニーを解雇されてしまうのだ。ピクサーの前身であるルーカスフィルムに移ってからは、その後のピクサー時代を含め、苦労の多い二〇代を過ごした。アカデミー賞短編アニメ映画賞を受賞するなど、いい作品はつくっていたものの、経済的に苦しかったのである。

そんなラセターに、かつて解雇したディズニーから好条件でのスカウト話が舞い込む。ラセターはこう考えてピクサーに踏みとどまった。「**ディズニーに行って監督になるか、ここにとどまって歴史をつくるかだ**」と。ディズニーに行けばお金の苦労からは解放される。しかし、ピクサーが目ざしていた世界初のフルCG（コンピュータグラフィック）による長編アニメづくりができるかどうかはわからなかった。

その後も苦労は多かったが、『トイ・ストーリー』が大ヒットしたことで、ピクサーは一躍注目の企業となり、ラセターも監督として成功を収めることになった。

4

才能がハシゴをつくるのではない。熱意がつくるのだ。

パナソニック創業者　松下《まつした》 幸之助《こうのすけ》

「尊敬する経営者」を調べると、パナソニック創業者の松下幸之助は、必ずトップか上位に選ばれる。なぜそれほど尊敬され続けるのだろうか。お金も技術も人脈も学歴もなく、健康にも恵まれない小僧が、情熱と工夫だけを武器に会社をつくり、日本を代表する企業に育て上げた努力の物語に共感するからだと思われる。

松下は小学校を四年生で中退、火鉢《ひばち》屋の丁稚《でっち》奉公を始めている。時代が違うとはいえ、心細くなるほどわびしいスタートだ。しかし、松下自身は不遇を嘆くどころか、ないないづくしの中で夢と知恵を育てていた。自転車屋の奉公を経て大阪電燈《でんとう》（今の関西電力）に転じ、その工事担当時代に新しいソケットを考案するのである。二二歳で松下電器製作所を開設している。そこから一代でパナソニック王国を築くのだから驚くほかはない。

松下には一つの信念があった。師と仰いだ「トヨタ中興の祖」石田退三に、こんなことを言っている。

「なんとしても二階へ上がりたい。どうしても二階へ上がろう。この熱意がハシゴを思いつかせ、階段をつくり上げる。上がっても上がらなくてもと考えている人の頭からは決してハシゴは生まれない。才能がハシゴをつくるのではない。熱意がつくるのだ」と。

大切なのはハシゴをつくる技術やお金ではない。「二階に上がらなければならない」という熱意なのだ。成功への執念もすさまじい。「一ぺんや二へんで成功しなくても、一〇ぺんやろうとすれば何でもない。五年かかろうが一〇年かかろうが、成功するまでやめないということです」と言っている。熱意こそが理想を現実化する原動力なのだ。

5

信じたことをやるなら成功、不成功はどうでもいい。問題はどこまで信じてやっていけるかだ。

指揮者　小澤《おざわ》 征爾《せいじ》

日本を代表する指揮者の小澤征爾は、意外にも、二九歳でカナダの名門トロント交響楽団の指揮者に就任するまでは、数々の栄誉に輝きながらも経済的には恵まれなかった。

幼い頃に讃美歌を歌う小澤を見て、母親が「特別の音感がある」と驚いて以来、苦しい生活の中でピアノだけは手放さなかったので、練習に励めた。指揮者に夢を抱いたのは成城中学時代だが、小澤は経済苦の中で、お金になるかわからない音楽家になることをためらった。背中を押したのは「**自分が信じたことをやるなら成功、不成功はどうでもいい。問題は金が入ることではなく、どこまで信じてそれをやっていけるかだ**」という父親の言葉だった。音楽家になるのを「止めないよ」と言ってくれた。

小澤は、音楽教育で有名な桐朋《とうほう》学園でも教えた指揮者、斎藤秀雄《さいとうひでお》の弟子となる。二三歳の時には、白ヘルメットに日の丸の鉢巻きをしめ、ギターをかついでバイクに乗るという姿でヨーロッパに音楽武者修行の旅に出ている。数々のコンクールで一位を獲得、世界的な指揮者であるオーストリアのカラヤンや、アメリカのバーンスタインにも師事した。

一方で、NHK交響楽団との関係が多くの文化人を巻き込むほど悪化した「N響事件」によって日本での指揮を休止したりと、金銭的にはあまり恵まれなかった。ニューヨークで暮らした時代は、エアコンもない安アパート暮らしのため映画館で終演まで眠っていた。

あせりはなかったのか。支えは「ホントの音楽をやっていれば絶対に報われないことはない」という音楽への思いだった。やがてトロントを経て三七歳でアメリカの名門ボストン交響楽団の常任指揮者に就任。そこからはめざましい成功の道を上るのである。

6

たわいのない夢を大切にすることから革新が生まれる。

ソニー創業者　井深《いぶか》 大《まさる》

井深大は卓越した技術者だった。すでに一九五〇年には日本初のテープレコーダーを発売しているし、自前のトランジスタを使ったラジオの製作は世界初の快挙だった。決して人真似をしない。新しいものをつくる。それが井深大に発するソニーの理念だった。

その開発力のすごさは、ソニーが新製品をつくると、大手家電メーカーがそれを少し改良して安く売り、大儲けするという図式が生まれたほどだ。そんなソニーを、評論家の大《おお》宅《や》壮一《そういち》は「大手家電メーカーのモルモット」と評した。だが、井深は、モルモットとは先駆者であり、「大手メーカーはモルモットのあとをついてこい」と意に介さなかった。

なぜソニーは先駆者であれたのか。それは、井深が「たわいのない夢」を大切にしたからでもある。ソニーを代表する製品「ウォークマン」がそうだ。

井深は音楽好きだ。いつもヘッドホンでステレオ音楽を楽しんでいた。だが、屋外ではムリだ。とくに飛行機の中では高音質の音楽は聴けない。重いテープレコーダーを持ち込んだりしていたが、不便すぎる。井深はソニーの小型カセットレコーダー「プレスマン」を改良して、ヘッドホンで聞くことを思いつく。それを、のちにソニー社長になる社員で、声楽家、指揮者でもある大《おお》賀《が》典《のり》雄《お》に依頼した。これがウォークマンに発展するのだ。

すべては井深の「飛行機の中でステレオ音楽を聴きたい」という思いつきから始まったことだった。「**たわいのない夢を大切にすることから革新が生まれる**」と、井深はふり返っている。

人は誰でも夢を見る。それを一笑にふすか、実現すべきと考えるかで大差がつく。

7

決意と目標を区別する。

経営学者　フィリップ・コトラー

フィリップ・コトラーは長くハーバード大学やシカゴ大学でマーケティング論を教え、マーケティングに関する著書も多く、「マーケティングの神様」と言われている。そのコトラーに「**必要なのは決意と目標を区別すること**」という言葉がある。どういうことか。

決意や希望、理想といったいわば心の中の抽象的な方向性と、数字や日づけ、予算などに裏づけられた具体的な目標の間には、大きな違いがある。ところが、多くの人はこの違いに無頓着《むとんちゃく》だ。決意を表明することで満足してしまう。夢や理想を抱くことで目標を設定したつもりになってしまうのである。それではいけないとコトラーは言うのだ。肝心なのは、どうすれば決意を確実に達成できるかである。つまりしっかりした計画だ。それがあってこそ、実際的な第一歩を踏み出せる。成果を上げるには、決意と目標を区別して、目標を具体的に描き出すことである。

コトラーは、もう一つ重要な指摘をしている。「多くのマーケターが、自分の心の奥底では消費者を一番にしていないことを認めるべきだ」ということだ。これは、一九八〇年代のエクソン・モービル社員総会でのこんな発言に由来している。「わが社で一番大切なのは顧客だと誰もが言う。しかし、実際に一番大切なのはA事業部門のトップで、二番目はB事業部門のトップ、顧客は八番目になっている」という言葉だ。

口では「お客様第一」でも、本音は「売上第一」「シェア第一」になっている。それでは成果が上がるわけがないというのだ。決意も本音であることが大切だ。きれいな言葉でタテマエの決意を述べたところで、現実を変える力にはならないのである。

8

未来は私のものだ。

発明家　ニコラ・テスラ

交流電流やテスラコイルなど多数の発明で知られるニコラ・テスラは、実生活では不遇であった。クロアチアに生まれてアメリカに渡ったが、そこには「発明王」トーマス・エジソンがいて、テスラを圧倒するのだ。

たとえば、テスラはエジソンがつくったエジソン電灯で働くが、直流を主張するエジソンと交流を主張するテスラが対立、結局、テスラは会社を辞めざるを得なくなった。のちにテスラは交流の正しさを証明し、エジソンとの対立は深まった。実生活でも、テスラとエジソンはまるでそりが合わなかった。エジソンは徹底した実用主義者であり、数々の発明で特許を取り、のちにGEに発展する会社も創業して富や栄誉を手にした。

それに対し、実用よりも理論を重視したテスラが手にした富は、あまりに少なかった。それでもテスラには未来への確信があった。「**現在は彼らのものだが、未来は私のものだ**」という誇り高い言葉を残している。

実際、テスラの名前はイーロン・マスク率いるテスラ・モーターズの社名にしっかりと刻まれている。その理想は現代の若き創業者たちにしっかりと受け継がれている。

テスラを尊敬するグーグルの創業者ラリー・ペイジは子ども時代にテスラの伝記を読んで、こう感じたという。「テスラからは、世界で最も偉大な発明をしても、単に発明しただけでは何にもならないことを学んだ。悲しいじゃないか。彼にもう少しビジネスの才があり、人づき合いがうまかったら、はるかに多くを手にすることができたのに」。グーグルによるビジネスは、ここが一つの源流だ。これもテスラの遺産であろう。

9

成功するかどうか、人の意見を聞きなさい。

セブン&アイ・ホールディングス名誉会長　伊藤《いとう》雅俊《まさとし》

コンビニエンスストアは今や日本発の一大ビジネスになっているが、始まりはアメリカのセブン-イレブンである。そのノウハウを得て一号店が一九七四年にオープン、以来四〇年にわたって日本独自の文化が加えられ、磨き上げられてきた。

セブン-イレブンの母体となったイトーヨーカ堂は、企業体質は良好だが、当時は業界八位の中堅スーパーにすぎず、成長のためにアメリカのチェーン企業から多店舗展開のノウハウを学ぶことが必要だった。その交渉役を任されたのが、のちにセブン‐イレブン・ジャパンの実質的な創業者になる鈴木《すずき》敏文《としふみ》である。鈴木は全米に四五〇〇店を展開するセブン‐イレブンに目をつけて交渉、日本でやれるという確信を持った。同社と提携したいと考え、イトーヨーカ堂のトップ、伊藤雅俊に提案した。

すると、**「日本でコンビニエンスストアが成功するかどうか、人の意見を聞きなさい」**という言葉が返ってきた。

外部の学識者たちは「時期尚早」と言っていた。社内の声も「よけいなことをやるな」だった。それらを承知したうえで伊藤が知りたかったのは、鈴木が「それでもやりたい」かだった。反対者たちを説得し、納得させるには、理論や熱意が欠かせない。客観的な目で判断することも必要だ。反対を押し切ってやる以上、安易な撤退も許されない。

伊藤は鈴木が人の意見を聞いてもなお、「日本でやれる」という信念を持っていることを確かめ、「やってみてごらん」とゴーサインを出している。

人の意見を聞くのは、自分の気持ちを確認するためでもある。忘れてはならない。

10

大したことをしたわけではない。当然のことをしただけです。

外交官　杉原《すぎはら》　千畝《ちうね》

杉原千畝は戦争に翻弄《ほんろう》された外交官だ。一九三九年、リトアニアの領事代理として赴任した三日後に第二次世界大戦が始まっている。翌一九四〇年にはソ連がリトアニアに侵攻、領事館を閉鎖して明け渡せという命令を受けている。

当時、ヨーロッパ各地ではナチスドイツによるユダヤ人迫害が進んでいた。ナチスの迫害から逃れる方法の一つに、日本を通過して他国へ脱出する方法があった。そのルートを頼るユダヤ人が、杉原がいる領事館に次々とやってきた。

日本の外務省は必要な書類を持たない者には通過ビザを発行しないという方針を掲げていた。しかし、着の身着のまま国を逃れてきた人たちが、必要な書類など持っているはずもない。杉原は、しばらくは外務省の方針に従っていたが、増え続けるユダヤ人を前に無視することはできず、処罰覚悟でビザの発行を決意した。結局、杉原は二一三九枚のビザを発行、約六千人の命を救うことになった。

敗戦後、帰国した杉原は外務省から退職勧告を受け、職を転々とすることになる。ようやく一九六六年にイスラエル大使館が業績を明らかにすることで、名誉回復の道を少しずつ歩み始めることになった。

杉原は言う。「**私のしたことは外交官としては間違ったことだったかもしれない。しかし、私には頼ってきた何千人もの人を見殺しにすることはできなかった。大したことをしたわけではない。当然のことをしただけです**」と。当然のことを当然のようにする。簡単なようだが、それはとても難しく勇気のいることでもある。

11

理不尽に屈したなら、私は臆病者だ。不正をただすために私は闘う。

独立運動家　マハトマ・ガンジー

インド独立の父、マハトマ・ガンジーは、非暴力、不服従を掲げてインドのイギリスからの独立運動を指揮した人物だ。その運動の原点は、若き日の南アフリカでの体験にある。

ガンジーは、インドにあるポールバンダルという小さな国の大臣の子どもとして生まれた。二〇歳にならずしてロンドンに渡り、弁護士となっている。エリートだった。

しかし、当時インドと同様にイギリスが支配していた南アフリカに行った時、大きな衝撃を受ける。列車の一等席の切符を持っていたのに、車掌から「インド人は貨物車に移れ」「有色人種は一等車から出ていけ」と拒否されてしまったのだ。当時、南アフリカではインド人は歩道を歩くな、外国人登録証を携帯せよ、といった数々の差別を受けていたのである。ガンジーは「**この理不尽な差別に屈してインドに戻るなら、私は臆病者だ。この不正をただすために私は闘う**」と決意を固めた。

ある日、歩道を歩いて警官にとがめられたガンジーは、外国人登録証に火をつけた。警官は殴りつけたが、ガンジーは暴力に屈することなく、権利回復運動を始めた。それは大きく広がり、南アフリカ政府に登録証の携帯義務廃止を約束させるに至る。

やがて祖国インドに戻ったガンジーは独立運動を率い始め、一九三〇年に有名な「塩の行進」をスタートする。イギリスによる塩の独占に反対し、自分で製塩するために奥地から海岸へと三八〇キロを歩き通したのだ。翌年に塩の製造と政治犯の釈放を勝ち取り、ガンジーの非暴力は勝利する。

そして一九四七年にインドは独立を果たす。だが、翌年にガンジーは凶弾に倒れている。

◎文学の名言から　Ⅷ

夢見る力のない者は、
生きる力もない。

――ドイツの劇作家エルンスト・トラー

必要は最も確実なる理想である。

――明治時代の歌人石川啄木《いしかわたくぼく》

第9章

20代は「強み」を一心不乱に磨く時である

――「ないものねだり」は断ち切っておこう

1

凡庸な者でも、一心不乱である限り多少の物事をなしとげる。

陸軍軍人　秋山《あきやま》 好古《よしふる》

秋山好古は日本に初めて騎兵隊を創設した人物であり、天才参謀、秋山真之《さねゆき》の兄でもある。「騎兵隊の父」と慕われたことからもわかるように、非常に視野が広くてリーダーシップにあふれていた。ただ、人生におけるモットーはきわめてシンプルだった。「男は生涯において、一事をなせばいい」と考えていた。

たとえば真之が上京して大学予備門（旧制高校）に通っていた頃、「人はどう生きればよいのか」を好古に聞いた。好古は、自分は書生（学生）ではなく軍人である。だから軍人としてどうあるべきかが大事だとして、「いかにすれば勝つかということを考えていく。その一点だけを考えるのが俺の人生だ」と答えた。それ以外はすべて「余事《よじ》（その他のこと）」であり、ただ一点に集中することこそが大切だというのである。

あるいは後輩の将校《しょうこう》（少尉《しょうい》以上の軍人）にも、「科学や哲学は、ヨーロッパの中世の僧院の中から起こった」として、こう話していた。「**僧侶たちは独身であるため、自分の課題に対し、わき目もふらずに精進《しょうじん》することができた。そのように凡庸《ぼんよう》な者でも、一心不乱である限り多少の物事をなしとげるのである**」と。

そんな好古が一途に育成に努めたからこそ、日本騎兵隊は日露戦争で世界最強といわれたコサック騎兵と互角に戦い、日本を勝利に導く一翼を担ったのである。

好古は後年、「若い頃には何をしようかであり、老いては何をしたかである」と言っている。若い頃には、あれもやりたい、これもやりたいと気が散りがちだが、ただ一点に絞ったほうがよい。全身全霊を傾ければ、人は必ずや何事かをなしとげることができる。

2

得意なのはソフトウェアだ。

マイクロソフト共同創業者　ポール・アレン

ポール・アレンは高校時代からコンピュータを巧みに使いこなし、在学中に、友人のビル・ゲイツと組んで「トラフォデータ」というプログラム開発会社までつくっていた。

二人は「どの家庭にも一台のコンピュータ」を目標に掲げ、最初の頃はコンピュータそのもの（ハードウェア）の製造を考えていた。アレンはソフトウェアをプログラムする技術に長じていた一方で、幼い頃からラジオを組み立てたり、集積回路をいじったりするほどハードにも強い関心を持っていた。ハードをつくる力も十分にあったのだ。

しかし、本格的に自分の将来を決める時、アレンは、ハードは捨てて最も得意なソフトに専念する道を選んでいる。「**ハードウェアは……われわれの腕を振るうことのできる領域ではないのだ。われわれの得意なのはソフトウェアだ**」と考えたからである。

こうして一九七五年にアレンはゲイツとマイクロソフトを創業、ソフトウェアを武器にコンピュータ業界の覇者への道を歩み始めることになった。

アメリカの起業家たちに大きな影響を与えた経営学者のドラッカーは、人が成果を上げるのは強みによってであり、弱みによってではないと言っている。弱みを克服するのには多くの努力と時間を必要とするが、得られる成果はごくわずかだ。そんなことをするよりも、強みをフルに発揮するほうが、はるかに多くの成果を獲得できる。

アレンは強みに集中することによってマイクロソフトを世界企業に育てただけでなく、莫大な資産を築くことにも成功した。同社退職後も、慈善事業家として幅広い活動を行い、プロサッカーやプロバスケットチームのオーナーとしても知られる存在である。

3

当たり前のことを当たり前にやってのける。やるからには万難を排してどこまでもやりとげる。

トヨタ自動車工業元社長　石田《いしだ》 退三《たいぞう》

石田退三は、松下幸之助が師と仰いだほどの名経営者である。

幼くして商売の道を志し、その縁でトヨタグループの始祖、豊田佐吉《とよださきち》と出会い、豊田紡織《とよだぼうしょく》（今のトヨタ紡織）に入社し、豊田自動織機製作所（今の豊田自動織機）の社長も務めている。佐吉の長男、豊田喜一郎《とよだきいちろう》が創業したトヨタ自動車には資金がかかりすぎると長く反対の立場だったが、一九五〇年に倒産の危機に瀕《ひん》すると社長に就任、労使紛争などを収束させた。ちょうど朝鮮戦争が起きて米軍から大量の戦争需要（朝鮮特需）が発生、その受注にも成功してトヨタ自動車を再建している。

石田の功績は、朝鮮特需後を見すえながら再建を進めたことだ。人を増やさず設備に投資し、より少ない人数でモノをつくれるようにすることで、特需後の景気冷え込みに備えた。この方針から生まれたのがトヨタ生産方式だったし、のちに「トヨタ銀行」と呼ばれるほど財務体質も強固になったのである。

もちろん実行は大変だった。トヨタ生産方式ひとつ取っても、大野耐一（トヨタ自動車元副社長）を先導役に、確立には長い年月を要している。しかし、石田は、自分の経営は、ごく常識的で当たり前のことにすぎないと言っている。「**しかし、その当たり前がなかなか当たり前に行きにくいのが世の中である。あくまでも平々凡々、当たり前のことを至極当たり前にやってのけるだけであった。やらねばならぬことはやる、やるからにはトコトンまでやる、万難を排してどこまでもやりとげる、ただそれだけのことである**」と。

石田ほどの経営者にとっても、トコトンやることこそが経営の要諦だったのである。

4

僕たちは我慢強いんだよ。

マイクロソフト創業者　ビル・ゲイツ

企業の成功戦略には二つがある。一つは次々と革新的な製品をつくり出して独走することだ。スティーブ・ジョブズ存命中のアップルに代表されるやり方である。もう一つは、いったん狙いをつけて製品をつくったら、ライバルに勝つまで細かくバージョンアップを重ねていくことである。マイクロソフトの得意とするやり方だ。

そのマイクロソフト創業者のビル・ゲイツは、子どもの頃から負けず嫌いだった。自分は何でもできると信じ込んできた。闘争心の塊《かたまり》である。当然、ビジネスでもライバルをたたきつぶし、圧勝しなければ気がすまない。しかし、優秀だったゲイツも、ジョブズほどの革新性はさすがに持たなかった。それでも勝つにはどうするか。時間をかけることだ。最後の勝利まで絶対にあきらめず、粘りに粘ることだ。ゲイツはその戦略を徹底した。

たとえば表計算ソフトがそうだ。最初に人気を博したのは「ビジカルク」で、次に市場を制したのは「ロータス1-2-3」だった。ゲイツの「マルチプラン」は完全に遅れを取っている。だが、改善に改善を重ね、最終的に「エクセル」で業界標準を確立している。「ウィンドウズ」も同様だ。ウィンドウズ1・0は欠陥だらけだったが、ゲイツはひるまず、2・03、3・0とじわじわ改善を重ね、ウィンドウズ3・1でシェアを大きく伸ばし、ウィンドウズ95で業界の覇者となっている。

ウィンドウズの改善を進めていた頃、ゲイツは「**僕たちは我慢強いんだよ**」と言っている。最初はパッとしなくても、あきらめず、ブレずに改善すればナンバーワンになれる。生まれついての天才を、努力の天才が追い抜くのは、よくあることなのだ。

5

失敗してもかまわない、やることが全部自分の血となり、肉となるんだ。

トヨタ自動車元社長　張《ちょう》富士夫《ふじお》

張富士夫は、トヨタ生産方式を築き上げた大野耐一に徹底して鍛えられた。東京大学卒業後トヨタ自動車に入社、総務部PR課で社内報の作成を行ったのち、二六歳で総務部管財課に異動、トヨタの主力工場となる高岡工場建設予定地の用地買収のために地主との交渉役を任された。工場建設は一日も早いほうがいい。張は毎日のように地主のもとに顔を出し、休日も朝から夜遅くまで酒を酌《く》み交わした。細かいつき合いも欠かさず、トラック一〇台分の大根を買ったこともある。そんな粘りが通じてようやく用地買収を終えて次に配属されたのが、大野の率いる生産管理部である。

ここの仕事は、それまでと比べものにならないくらい大変だった。まだ元町《もとまち》工場の一部に定着したばかりだったトヨタ生産方式を、工場全体に広げる。さらにトヨタの全工場にも展開する。そして協力工場へと広げる。やることは膨大で、多くの人に「今までのやり方でなぜダメなんだ」「若僧が、よけいな指図をするな」と抵抗されるのが見え見えの気の遠くなる仕事だった。

だが、張は用地買収に取り組んでいた頃から、いつも苦労は自分のためなんだと言い聞かせていた。「**失敗してもかまわない、毎日毎日やることが全部自分の血となり、肉になるんだという思いで、人の嫌がることでも何でも積極的にやっていました。自分が成長するための肥やしにしているんだ、という気持ちで**」と言っている。

やがて張はトヨタが初めて単独でアメリカに建設したケンタッキー工場の責任者として渡米、アメリカにトヨタ生産方式を定着させるという難しい任務も果たすのである。

6

同じ「何がなんでも」でも、初段もあれば十段もある。

ドトールコーヒー創業者　鳥羽《とば》　博道《ひろみち》

「何がなんでも」という言葉を使われることがある。なんとなく必死さだけは伝わるが、本当のところはどうなのだろうか。

鳥羽博道は早くに母親を亡くし、高校を中退して飲食業界に入っている。喫茶店の店長を経てブラジルに渡り、コーヒー農園の現場監督を経験、帰国後にコーヒー焙煎《ばいせん》会社のドトールコーヒーを設立している。一九六二年、まだ二五歳の若さであった。

やがて鳥羽は「おいしいコーヒーを安く飲んでもらいたい」と強く思うようになり、スタンディングスタイルのコーヒーショップを考える。だが、今でこそ立ったまま飲食をすることには大きな抵抗がなく、時にはおしゃれと見られたりもするが、当時はマナーに反する行為だった。当然、周囲から猛烈に反対された。「なぜ立ち飲みなんだ。普通に腰かけて飲むスタイルの喫茶店に工夫をこらしたほうがいいじゃないか」と言われれば、反論は難しい。鳥羽は一九七二年にオープンした喫茶店チェーン「コロラド」に、実験的に新しいスタイルを取り入れたりして、立ち飲みが受け入れられるかどうかを確認している。

やがて新しいスタイルは受け入れられ、一九八〇年に原宿にドトールコーヒーショップ一号店をオープン、やがて一大チェーンへと発展することになった。新しいスタイルを始めるために突っ走った何年間かをふり返って、鳥羽は「**同じ何がなんでもでも、初段もあれば十段もある。この時の私の何がなんでもはたぶん十段だった**」と話している。

「何がなんでも」にも強さのレベルがある。相手からこう言われてレベルの判断に迷うようなら、少し時間を置けばいい。弱い「何がなんでも」は、やがて消えていく。

7

「絶対にやりたくないこと」からは逃げる。「絶対に」がつかない程度のことなら、逃げずにやりとげろ。

コピーライター　糸井《いとい》 重里《しげさと》

世の中に「コピーライターは格好いい」という意識を植えつけたのは、糸井重里だろう。西武百貨店の「おいしい生活」といった一連のコピーはとても格好よく、一世を風靡《ふうび》したものだ。糸井はまた多才の人でもあり、沢田研二《さわだけんじ》のシングルヒット曲『ＴＯＫＩＯ』の作詞や、矢沢永吉の本『成りあがり』をプロデュースするなど、活躍分野の広さも群を抜いていた。当然、超のつく売れっ子で、忙しい日々を送っていた。

だが、糸井は四〇代を迎えた頃から少しずつ生き方を変えるようになった。仕事は何でも引き受けるのではなく、厳選する。迎えの車は断って、電車で移動する。仕事を離れて毎日、釣りをしていたこともある。そんな日々を経て、五〇歳になってからはインターネットを使った「ほぼ日刊イトイ新聞」を始めている。

時代の寵児《ちょうじ》から自然体の日々へ、そしてネットで遊ぶ大人へ。糸井は、そんなふうにいつも面白がって生きてきたといえる。そんな糸井は、「わくわくすることが見つからない」とぼやいている人に、こんなアドバイスを送っている。「**『絶対にやりたくないことからは逃げる』と心に決めること。これは逆説でもあって、『絶対に』が付かない程度の、文句を言いながらやれることなら、逃げずにやりとげろ**」と。

練習を一生懸命やっているだけでは、絶対にうまくならない。打席がないのに力が出せるはずがない。だとすれば、逃げずにがんばって打席に立ってみる。そこから生まれてくるのが「あいつに任せなきゃ」という信頼だ。絶対にやりたくないなら逃げてもいいが、そこまで嫌でなければ逃げずにやりとげることも大切なのだ。それが糸井の考えである。

8

諸君が不可能としてあげた諸点をひっくり返せ。

アメリカ陸軍軍人　ダグラス・マッカーサー

日本に朝鮮特需をもたらした朝鮮戦争は、アメリカ軍（国連軍）にとっては、最も苦しい戦いの一つであった。韓国の首都ソウルを三日で陥落させた北朝鮮軍は進軍を続け、韓国全土を制圧するほどの勢いだった。アメリカ軍は多くの兵士を失い、韓国軍とともに朝鮮半島の片隅に追い詰められた。

状況を打開しようと日本のＧＨＱで開かれた会議で、ダグラス・マッカーサー元帥は、仁川《じんせん》上陸作戦を提案する。大部隊を奇襲上陸させ、一気に北朝鮮軍を瓦解《がかい》させる作戦だ。もちろん、戦争だからリスクはある。まして大部隊を動かすのだから、リスクも大きかった。アメリカ軍の戦線が崩れる危険や、上陸に時間がかかるといった理由をあれこれあげて反対する軍首脳に、マッカーサーはこう反論した。「**諸君が実行不可能としてあげた諸点をひっくり返せば、それだけ奇襲の効果が上がるということだ。奇襲こそが戦争で成功を収める最大の要素である**」と。

こうして一九五〇年に実行された仁川上陸作戦は成功を収め、アメリカ軍は退勢を一気に挽回《ばんかい》する。北朝鮮軍は退却を重ね、瓦解寸前におちいった。もっとも、その後、中国の大軍が北朝鮮に加担して参戦、戦いは膠着《こうちゃく》状態となって今も停戦状態のままである。

反対意見に囲まれると、つい「できない」「無理だな」と弱気になってしまいがちだが、それではいけない。「これがムリだからできない」という反対意見は「そこを解決すればできる」というヒントでもある。

反対意見を活用することが、反対意見に勝つコツなのだ。

9

自分が全部変わっていくしかない。

リンクアンドモチベーション創業者　小笹《おざさ》　芳央《よしひさ》

小笹芳央は若い人に人気の経営者である。リクルートを経て自分の会社を設立するが、テーマは一貫してモチベーションだ。そんな小笹は、若者が「自分探し」ではなく「自分づくり」をする時のモチベーションのポイントを、二つあげている。

一つは、自分が吹けば飛ぶような存在だという感覚を忘れないことだ。誰もが自分自身のことを大切に思っている。世間も若者に「個性を大事に」と言う。しかし、一方で社会全体の中で見たら、自分など何者でもない。そんな謙虚な気持ちを持ってこそ、「それなら自分をつくっていこう」という意欲が湧き上がるのである。

もう一つはアイ・カンパニー、つまり「自分株式会社」という発想を持つことだ。自分自身が会社であるという目で、お客様やライバル、商品を見直していくのである。現代は、一つの会社に自分を丸抱えしてもらえる時代ではない。多くの会社からオファーがくるような存在でなければ、長い人生を生き抜けない。そんな存在になるためには、強みを磨くことが大切だ。強みは、漠然と考えてもなかなかわからない。そこで、自分を会社と考えて客観視する。どうすれば自分株式会社を発展させていけるかを考える。すると、頼るべき強みがよくわかってくる。そう小笹は考えるのだ。

「『顧客が悪かった』と言っても、お客さんは変わらない。自分の対応や提案の仕方を変えなくてはいけない。『上司が悪い』と言っても、上司は変わらないから、報告の仕方や相談の仕方を変えたほうがいい。つまり自分が全部変わっていくしかない」と言っている。

そして、転職して成功する人は失敗を自己責任ととらえている人だとも指摘している。

10

一つのお付き合いは、一度失敗したら修復に一〇年かかるし、一度成功したらその後一〇年単位で続いていく。

指揮者　佐渡《さど》 裕《ゆたか》

世界を舞台に活躍する指揮者、佐渡裕は、音楽の仕事を一〇年単位でとらえている。出会いから生まれた宝物を長い時間をかけて丹念に磨く中から感動が生まれると考える。

佐渡は二〇代の頃は、地元のママさんコーラスを相手に指揮をしたり、高校の吹奏楽部のコーチをしたりという仕事を一日に何本もかけ持ちすることで生活費を稼いでいた。収入は会社に就職した同級生より多く、音楽とともに生きていけるなら、これもいいと思っていた。そんな佐渡に厳しい言葉を投げつけたのが小澤征爾である。

佐渡が米国マサチューセッツ州で開かれるタングルウッド音楽祭を腕試しのつもりで受けた時に会った小澤は、「生活のための仕事なんか全部辞めちまえ」と言った。当時の佐渡の指揮は独学だったが、小澤は腰を据えて本格的な勉強をしろとアドバイスした。佐渡は潔くすべての仕事を辞め、三年間ウィーンに住んでバーンスタインの教えを受けた。

こうして指揮者として本格的にデビューしたのだが、九〇年代初めのベルリン・コンツェルトハウス管弦楽団での指揮はうまくいかず、次の声はかからなかった。ところが一〇年以上経ったある年、同楽団に呼ばれて客演することになる。これは大成功で「次はいつ来てくれる」となった。

そんな経験を積み重ねた佐渡は、「**一つのオーケストラとのお付き合いは一度失敗したらその修復に一〇年かかるし、一度成功したらその後一〇年単位で続いていく**」と考えるようになった。一度ダメを出されても、それは永遠にダメということではない。修復すれば、そこから長い成功が始まることもしばしばである。

◎文学の名言から　Ⅸ

あれもこれもなし得ると考える限り、
何もなし得る決心がつかない。

——オランダの哲学者スピノザ

米は米にて用に立ち、
豆は豆にて用に立ち申し候《そうろう》。

——江戸時代の儒学者荻生徂徠《おぎゅうそらい》

第10章

20代は「一生を貫くキーワード」を得る時だ

――不運にめげない自分をつくる

1

永遠の命と思って夢を持ち、今日限りの命と思って生きるんだ。

俳優　ジェームズ・ディーン

一九五〇年代のアメリカを象徴する存在といわれるジェームズ・ディーンは、俳優という夢を一途に追った生涯だった。

中学時代に演劇に目ざめ、高校時代に熱を入れる。大学は当初、サンタモニカ大学で法学を学ぶが、ほどなくカリフォルニア大学ロサンゼルス校の演劇科に転じている。やがて舞台での活動が注目されてテレビCMに出るようになると、ディーンは積極的に自分を売り込み、テレビドラマや映画の端役《はやく》へと自分のステージを上げる。さらに夢を追いかけてニューヨークに移り、一五〇倍ともいわれる難関を突破して俳優養成所の名門、アクターズ・スタジオに入った。そして、映画出演の誘いを断ってまで演じたブロードウェイの舞台が絶賛を浴び、アクターズ・スタジオ創設者の一人である映画監督エリア・カザンによって、名画『エデンの東』の主役に抜擢《ばってき》されるのである。この作品でアカデミー賞にノミネートされ、『理由なき反抗』『ジャイアンツ』と続けてヒット作を飛ばす。その『ジャイアンツ』では二度目のアカデミー賞にノミネートされている。

ディーンは「**永遠の命と思って夢を持ち、今日限りの命と思って生きるんだ**」という言葉を残しているが、命の終わりはあまりに早かった。

『ジャイアンツ』撮影を終えた一週間後、レースに向かうために愛車のポルシェを走らせていた時、横から出てきた車と衝突、二四歳の若さでこの世を去っている。

ディーンは交通安全のCMにも出演している一方、実生活ではスピードマニアで、事故の直前にもスピード違反で切符を切られていたという。惜しまれる死であった。

2

地上で過ごせる時間には限りがある。本当に大事なことを本当に一所懸命できる機会は、たぶん二つか三つくらいしかない。

アップル創業者　スティーブ・ジョブズ

アップル創業者のスティーブ・ジョブズは一七歳の頃、「もしあなたが毎日、これが最後の日と思って生きるなら、いつかきっと正しい道に進むだろう」という言葉に出会っている。人は誰でも最後の日が訪れる。その運命を逃れることは誰にもできない。限られた人生をよりよく生きるには、時間をムダにすることなく、一日一日を最良のものにする努力が欠かせない。以来、ジョブズは毎朝、鏡を見つめて「もし今日が人生最後の日だったら、今日やろうとしていることをやりたいと思うか」と自問自答するようになった。もし「ノー」が続けば、何かを変える必要がある。

そんな生き方をしたからこそ、ジョブズは、いくつもの革命を起こせた。アップルⅡやマッキントッシュでコンピュータ界にパソコン革命を起こした。ピクサーで『トイ・ストーリー』など大ヒットを飛ばして映画界にコンピュータグラフィック革命をもたらす。iＰｏｄとiＴｕｎｅｓで音楽界に、iＰｈｏｎｅで携帯電話の世界にも革命を起こした。

わずか五六歳で亡くなったことを思うと、「生き急いだ」という感じがするが、限りある時間を燃やし尽くす生き方は若い頃から一貫していた。

マッキントッシュを開発していた頃、こんな言葉を口にしている。

「僕らはみな、この地上で過ごせる時間には限りがあります。僕たちが本当に大事なことを本当に一所懸命できる機会は、たぶん二つか三つくらいしかないでしょう。どのくらい生きられるかを知っている人はいないし、僕も知りませんが、でも僕には若いうちに大事なことをたくさんしておかねば、という意識があります」と。

3

明日も明後日も来年もある。

脚本家　宮藤《くどう》 官九郎《かんくろう》

映画の名作『風と共に去りぬ』のエンディングで、戦争によってすべてを失った主人公スカーレットが最後に口にするのが「Tomorrow is another day」というセリフだ。訳し方は諸説があるが、すべてを失っても「明日という日があるわ」と未来に希望を託す訳が一般的だ。スカーレットの生き方そのものであろう。

この有名なセリフよりも、さらに明るい未来を予感させる言葉が日本にある。二〇一三年に大ブームを起こしたＮＨＫの連続テレビ小説『あまちゃん』の最終盤で、主人公天野アキ（能年玲奈《のうねんれな》）が親友の足立ユイ（橋本愛《はしもとあい》）に言ったセリフだ。

東日本大震災で被災した「北三陸鉄道」が北三陸から畑野まで開通した祝賀イベントで、二人は「潮騒のメモリーズ」を再結成、お座敷列車で開通記念の歌を披露する。歌い終えて畑野で列車を降りたアキが、ユイに「いっぺえ（たくさん）間違えだもんな」と笑うと、ユイも「私も」と応じ、続けて「明日も明後日もあるもんね」と言う。アキは、畑野のさらに先へと復旧が進む線路を見つめて、「**明日も明後日も来年もある。今はここまでだけど、来年になったら、こっから先にも行げるんだ**」と言うのである。

この言葉には、震災からの復興にかける思いと、二〇歳のアキやユイの未来にかける思いが込められている。

それは宮城県出身の宮藤官九郎の願いでもあっただろう。生きづらい時代だが、だからこそ、とくに若い人たちは、「明日も明後日も来年もある」と信じて生きていくことがとても大切である。

4

計画なんかどうでもいいのです。むしろ運に恵まれるようにしましょう。

グーグル会長　エリック・シュミット

物事を成功に導くうえで最も大切なものは何だろう。綿密な計画や準備も重要だが、それ以上に、目の前に訪れた変化やチャンスに気づき、それを生かす力がポイントになるとグーグル会長エリック・シュミットは考えている。

グーグルを創業したラリー・ペイジとサーゲイ・ブリンが、同社を企業として成功させるためにＣＥＯとしてスカウトしたのがシュミットである。ペイジとブリンには確固たる事業計画がなかった。二人が熱心に取り組んでいたのは、すぐれた検索エンジンをつくることであり、収益を上げる方法には関心がなかった。最高の製品をつくり、ユーザーが増えれば、いずれ利益を上げる方法が見つかると、根拠もなく楽観視していた。

そんなグーグルで、シュミットは収益を生む試行錯誤を続けた。その過程で生まれたのが、検索キーワードに連動して広告が表示される「アドワーズ」と「アドセンス」である。この二つがもたらす収入は莫大な額にのぼり、それによってグーグルは成長軌道に乗る。

ところが、驚くことに、アドワーズやアドセンスができたのは計画の結果ではなく、偶然だったとシュミットは言っている。その経験を踏まえ、シュミットはペンシルベニア大学の卒業講演で、学生たちにこう語りかけた。「**計画なんかどうでもいいのです。むしろ運に恵まれるようにしましょう。成功とは、絶好のチャンスが訪れた時に、それを生かす心構えができていることにほかなりません**」と。

計画が不要ということではない。しかし、計画に従って杓子定規《しゃくしじょうぎ》に行動しても、計画以上の成果は得られない。変化とチャンスに気づき、生かすことがより重要なのだ。

5

人生は人類の幸福に貢献することである。

精神分析学者　アルフレッド・アドラー

オーストリアの精神分析学者アドラーは、当初、同時代にオーストリアで活躍した精神分析の創始者フロイトと手を携えて研究を深めている。しかし、人間心理の解明に性欲を強調しすぎるフロイトに違和感を覚えて離れ、「個人心理学」を打ち立てた。

ただし、「個人」という名称とはうらはらに、アドラーは人間を社会的な存在としてとらえようとしている。そして三つのきずなをあげている。

一つは、人間がこの地球で生きているということだ。自分は地球環境の中でしか生きていけないのであり、自分を守るためには、他人を守り、人類を守り、環境を守ることが不可欠だ。仕事も、そういう視点から選ぶことが大切だ。

もう一つは、私たちは人類の一員として存在しているということだ。一人では目標を達成することもできないし、生きていくことすら難しい。一人では滅びるという弱さを認めるところから、社会の中の自分の居場所が見つかるだろう。

三つ目は、人間には男と女という二つの性があるということである。誰も、愛と結婚に目を向けずに生きることはできない。

アドラーは、これらのきずなに目を向けない人は「人生は、危害に対してバリケードで自分を守り、無傷で逃れることによって自分自身を守ることである」という狭い考えにとらわれると言う。それでは幸福になれないだろう。アドラーは「**人生は仲間に関心を持ち、全体の一部であり、人類の幸福に貢献することである**」と考えることをすすめている。そういう人は友人が多く、仕事が充実し、愛に満ちた人生が送れると言っているのだ。

6

人生・仕事の結果＝考え方×熱意×能力。

実業家　稲盛《いなもり》　和夫《かずお》

稲盛和夫は、京セラ、ＫＤＤＩ（当初は第二電電）という二つの大企業を創業し、さらに、倒産して再建は不可能だといわれた日本航空をみごとに再建させた現代屈指の経営者だ。その稲盛は、人生を考える時や新しい仕事に取り組む時、最も大切なのは「成就《じょうじゅ》させるのだ」という強い燃えるような意志だと常に語っている。そして、「**人生・仕事の結果＝考**

え方×熱意×能力」という式を基本に発想している。

能力と熱意は、ゼロ点から一〇〇点で表す。たとえ「能力一〇〇点」でも、努力する熱意がゼロなら、かけ算で評価はゼロになる。逆に、能力不足で「能力一〇点」でも、熱心に努力して「熱意一〇〇点」なら、評価は一千点になるのである。まあ、そういう数字は別として、飛び抜けた能力がなくても、情熱を燃やして努力する人は、生来の能力に慢心して努力しない人より、いい人生、いい仕事が実現できるということを示すのが、この式の意味である。

さらに大切なのが「考え方」だ。これはマイナス一〇〇点からプラス一〇〇点で表す。頭がいいのに、世の中をすねて素直に考えない人、嫉妬や憎しみなどの悪感情にとらわれている人などは、かけ算をすると、ゼロどころかすべてマイナスになってしまう。

稲盛の人生は最初から順風満帆《じゅんぷうまんぱん》だったわけではない。病気に苦しみ、最初の就職は不遇だった。それを経てこう考えるようになったという。

「明るく考えることにしたんです。それからというものは人生が一八〇度変わったんですね。災難にあった時の身の処し方で人の価値は決まる」と。

7

大衆はずっと僕の味方だった。

映画製作者　ウォルト・ディズニー

ウォルト・ディズニーがミッキーマウスの登場する映画をつくり始めたのは一九二八年。音声の入った「トーキー」が登場したばかりで、無声映画が多かった時代だった。だが、ディズニーはトーキーが映画に革命を起こすことを見抜き、最初の二作は無声映画だったものの、三作目の『蒸気船ウィリー』からはトーキーにしている。

ところが、配給したいと連絡してきた会社は一社もなかった。唯一、力を貸してくれたのがニューヨークのある劇場経営者だった。彼は「映画会社の連中ってのは、大衆がいい映画だって言うまでわからないんだよ」と、まずは観客の評判を取ることの大切さをディズニーに教えてくれた。そして、二週間で千ドルという大金を払ってくれた。

『蒸気船ウィリー』は大ヒットし、マスコミが取り上げ、配給会社からも次々と電話が来るようになった。やがてミッキーマウスは全米に知られ、公開から三年で会員百万人を抱えるミッキーマウスクラブが誕生する。

以来、ディズニーはこう考えるようになった。「**ずっと固く信じてきたことがある。それは一般大衆を信頼していくってことでね。大衆はずっと僕の味方だった**」と。確かに、ミッキーマウスを真っ先に認めたのは評論家でも興行主でもなく、大衆だった。

ディズニーは何かをやる時には直接、大衆にぶつけることにした。テレビが登場した時も、作品を大衆に紹介するシリーズ番組「ディズニーランド」をスタートさせた。また、大人が直接来て楽しめるディズニーランドの建設にも着手した。まわりの人や有力者からの評価はとても気になるものだが、人生や仕事の最終評価を決めるのは彼らではないのだ。

8

体は畑、種は技。畑がしっかりよいものじゃないと、芽が出ても実にはならない。

プロゴルファー　青木《あおき》功《いさお》

青木功は中学卒業と同時にプロゴルファーになることを目ざし、二二歳でプロテストに合格している。プロになって半世紀がたつが、大きなケガに悩まされたことはない。

危機は二度あった。一九八二年、アメリカのオーガスタで開かれる「マスターズ」に出場していた時、左肩に激痛が走った。幸いにして長年の親友であるオーストラリアのプロゴルファー、グレッグ・ノーマン専属のトレーナーに診てもらって回復した。二度目は肘《ひじ》の腱鞘炎《けんしょうえん》だ。八週間安静と言われたが、体を動かしながら三週間で治したという。

そんな青木が若い頃から心がけてきたのが、ケガをしないように最大限の努力をすることだった。ゴルファーは動きが一方向のため、腰痛など慢性的なケガを抱える選手が少なくない。だから、「やらされるトレーニング」ではなく、「自分を守るためのトレーニング」を心がけた。「よしケガに気をつけよう」ではなく、「ケガをしないぞ」と肝《きも》に銘じるトレーニングが、ゴルフをできる年齢を五年、一〇年と延ばすのだ。

たいていの人は、初めは熱心にエクササイズをやっても次第に雑になるのに対し、青木の場合はどんどんプラスしていくと言われている。それほど体に気をつかう理由を、青木は体は畑だからだと、こう語っている**「柔軟やって、走ってさ、芽の出やすい体に仕込んでおく。ごちゃごちゃ言わずに耕しておく。そこに種をまく。種は技だよ。技を自分の畑で育てる。畑がしっかりよいものじゃないと、芽が出ても実にはならない**」と。

若い頃から技とともに体づくりに励むことで、青木は「世界のアオキ」となり、七〇歳をだいぶ過ぎた今もゴルフを楽しむことができる。

9

第二を示すことで、何が第一なのかを示す。

ヤマト運輸元社長　小倉《おぐら》昌男《まさお》

小倉昌男は、クロネコヤマトで知られる宅急便の開発者である。父が創業した大和《やまと》運輸（今のヤマト運輸）の二代目経営者だが、二九歳の時に子会社である静岡運輸に総務部長として出向したことがある。

部下は二名、業績は赤字続き、前近代的な職場で、交通事故も多かった。労働基準監督署からも不良事業所としてにらまれていた。そこでいろいろ苦労したことが後年とても役に立つのだが、もっと役に立ったことがある。ある日、ある工場を訪ねて「安全第一、能率第二」という張り紙が貼ってあるのを見たことだ。

小倉は驚いた。どんな工場や事業所にも「安全第一」は貼り出してある。しかし、「第二、第三」を示した張り紙はなかった。考えてみれば、第二がなければ、何が本当の第一かはわからないではないか。能率よりも安全が重要だと示すことで、初めて人は安全の大切さを直感的に認識できる。

小倉は「**第二を示すことで、本当に安全が第一であることがわかる。何が第一なのか、はっきりと優先順位を示す経営者にならなければダメだと痛感した**」と言っている。

後年、小倉は宅急便のスタートにあたり、「サービスが先、利益は後《あと》」という標語をつくっている。スタート時の取扱個数は微々たるものだったが、小倉は利益のことはいっさい言わず、サービスの充実を優先させた。その甲斐あって宅急便は大きく成長するのだが、原点には「第二を示すことで、第一が何かを明確にする」という考え方があった。

発想や意見も同様だろう。別の何かと比較することで長所や問題点が明確になる。

10

私たちはユーモアを持って のっぴきならぬ運命につき合いたいものです。

物理学者　アルベルト・アインシュタイン

アインシュタインは二〇世紀を代表する人物であり、相対性理論によって物理学に革命を起こしただけでなく、芸術を含むあらゆる分野に大きな影響を与えた天才である。

しかし、そんな天才も、特殊相対性理論を発表した一九〇五年当時はスイスの特許局に勤める二六歳の下っ端《ぱ》役人にすぎなかったし、そこに至る人生も挫折と失望の連続だった。

父親は事業を始めては失敗を重ねた。アインシュタイン自身は、教師から「君は決して大した人物にはなれないだろう」と言われるほどの落ちこぼれだった。当時のドイツは軍国主義的教育が幅をきかせ、嫌気《いやけ》がさしたアインシュタインは勝手にギムナジウム（中高一貫教育のような学制）を退学、ドイツ国籍も放棄している。幸いスイス連邦工科大学に入学できたものの、指導教官と衝突、大学に残って研究を続けることができなかった。

貧乏で、将来も暗かったアインシュタインがいつも失わなかったのがユーモアの感覚だ。大学に残ることができなかった時、友人に「僕はあらゆる手段を尽くしており、ユーモアの感覚を失わないようにしている。神はロバを創造し、彼に厚い皮膚を与えたというわけだ」という手紙を書き送っている。

やがて相対性理論などの功績で一九〇九年にチューリッヒ大学教授に就任が決まった時、事情をよく知らない同僚から「私は信じないよ、それは悪いしゃれだね」などと言われるが、アインシュタインは不快に思わず、とても面白がっていた。「**私たちはユーモアを持ってのっぴきならぬ運命につき合いたいものです**」と話していた。不遇の中ですぐれた業績を上げられた要因の一つに、ユーモアを持って対処する力をあげていいだろう。

◎文学の名言から　X

人生における大きな悦《よろこ》びは、
「お前にはできない」と世間が言うことを
行うことである。

――イギリスの評論家ウォルター・バジョット

目的をとげるのに、
永《なが》い忍耐をするよりも、
めざましい努力をすることのほうが、まだ容易である。

――フランスのモラリスト、ラ・ブリュイエール

◎参考文献

次の書籍、雑誌を参考にさせていただきました。記して厚くお礼申しあげます。

《書籍》

『仕事力　白版／金版／青版』朝日新聞社編　朝日文庫
『仕事力　紅版』朝日新聞社編　朝日新聞出版
『スノーボール　ウォーレン・バフェット伝　上／下』アリス・シュローダー著　伏見威蕃訳　日本経済新聞出版社
『人生の意味の心理学　上』アルフレッド・アドラー著　岸見一郎訳　アルテ
『レボリューション・イン・ザ・バレー』アンディ・ハーツフェルド著　柴田文彦訳　オライリージャパン
『魔法のラーメン発明物語』安藤百福著　日本経済新聞社
『「坂の上の雲」の秋山好古・真之とその時代』池田清著　ごま書房新社
『自分の城は自分で守れ』石田退三　講談社
『日本人よ！』イビチャ・オシム著　長束恭行訳　新潮社
『日本を牽引したコンツェルン』宇田川勝著　佐々木聡監修　芙蓉書房出版
『20世紀名言集　大経営者編』A級大企業研究所編　情報センター出版局

『「その時歴史が動いた」心に響く名言集』NHK「その時歴史が動いた」編　知的生きかた文庫
『NHKトップランナーの言葉』NHK「トップランナー」制作班編　知的生きかた文庫
『NHK「トップランナー」仕事がもっと面白くなる「プロ論」30』NHK「トップランナー」制作班編　知的生きかた文庫
『経営はロマンだ！』小倉昌男　日経ビジネス人文庫
『孫正義　起業のカリスマ』大下英治著　講談社＋α文庫
『セブン-イレブン創業の奇蹟』緒方知行著　講談社＋α文庫
『自分のカラを破る力が湧く言葉』小笹芳央、小笹公也著　経済界
『技術王国日立をつくった男　創業者・小平浪平伝』加藤勝美著　PHP研究所
『世界名言大辞典』梶山健編著　明治書院
『仕事。』川村元気著　集英社
『日本を創った男たち』北康利著　致知出版社
『NHK連続テレビ小説『あまちゃん』完全シナリオ集　第2部』宮藤官九郎著　角川マガジンズ
『グーグル10の黄金律』桑原晃弥著　PHP新書
『トップアスリート名語録』桑原晃弥著　PHP文庫
『若き実力者たち』沢木耕太郎　文春文庫
『リーン・イン』シェリル・サンドバーグ著　村井章子訳　日本経済新聞出版社

『冒険投資家ジム・ロジャース　世界大発見』ジム・ロジャーズ著　林康史訳　日経ビジネス人文庫
『ジャック・ウェルチ　わが経営　上』ジャック・ウェルチ、ジョン・Ａ・バーン著　宮本喜一訳
日経ビジネス人文庫
『投資参謀マンガー』ジャネット・ロウ著　増沢和美訳　パンローリング
『ビル・ゲイツ』ジェームズ・ウォレス、ジム・エリクソン著　奥野卓司、ＳＥ編集部訳　翔泳社
『スカリー　上』ジョン・スカリー、ジョン・Ａ・バーン著　会津泉訳　早川書房
『アップルを創った怪物』スティーブ・ウォズニアック著、井口耕二訳　ダイヤモンド社
『日本野球25人　私のベストゲーム』スポーツグラフィックナンバー編　文春文庫ＰＬＵＳ
『稲盛和夫の「仕事学」』ソニーマガジンズビジネスブック編集部編　知的生きかた文庫
『戦場の名言』田中恒夫、葛原和三、熊代将起、藤井久著　草思社
『なぜ、働くのか』田坂広志著　ＰＨＰ文庫
『メイキング・オブ・ピクサー』デイヴィッド・Ａ・プライス著　櫻井祐子訳　早川書房
『Ｇｏｏｇｌｅ誕生』デビッド・ヴァイス、マーク・マルシード著　田村理香訳　イースト・プレス
『トランプ自伝』ドナルド・トランプ、トニー・シュウォーツ著　相原真理子訳　ちくま文庫
『平凡は妙手にまさる　大山康晴名言集』永井英明著　佼成出版社
『復活の力　絶望を栄光にかえたアスリート』長田渚左著　新潮新書
『宮大工棟梁・西岡常一「口伝」の重み』西岡常一著　日経ビジネス人文庫

『石橋を叩けば渡れない』西堀栄三郎著　日本生産性本部
『1分間コトラー』西村克己著　ソフトバンククリエイティブ
『人間発見　私の経営哲学』日本経済新聞社編　日経ビジネス人文庫
『ＰＬ学園ＯＢはなぜプロ野球で成功するのか？』橋本清著　新潮文庫
『浜田広が語る「随所に主となる」人間経営学』浜田広、大塚英樹著　講談社
『常に時流に先んずべし　トヨタ経営語録』ＰＨＰ研究所編　ＰＨＰ研究所
『経営者の条件』ピーター・ドラッカー著　上田惇生訳　ダイヤモンド社
『20世紀名言集　科学者・開発者編』ビジネス創造力研究所編　情報センター出版局
『トヨタ経営システムの研究』日野三十四著　ダイヤモンド社
『キリカエ力は、指導力』平尾誠二監修　梧桐書院
『見抜く力』平井伯昌著　幻冬舎新書
『知と熱　日本ラグビーの変革者・大西鐵之祐』藤島大著　文春文庫
『ヨハン・クライフ「美しく勝利せよ」』フリーツ・バーラント、ヘンク・ファンドープ著　金子達仁訳　二見書房
『ウォルト・ディズニー』ボブ・トマス著、玉置悦子、能登路雅子訳　講談社
『得手に帆あげて』本田宗一郎　三笠書房
『ムーンウォーク』マイケル・ジャクソン著　田中康夫訳　河出書房新社

『アメリカン・ドリーム　アップル・コンピュータを創った男たち！企業急成長の秘訣』マイケル・モーリッツ著　青木栄一訳　二見書房
『不動心』松井秀喜著　新潮新書
『やめないよ』三浦知良著　PHP新書
『脳を活かすアインシュタインの言葉』茂木健一郎監修　PHP文庫
『盛田昭夫語録』盛田昭夫研究会編　小学館文庫
『アウトロー100の言葉』山口智司著　彩図社
『そろばん』山崎種二著　パンローリング
『日本でいちばん社員のやる気がある会社』山田昭男　中経の文庫
『Facebook世界を征するソーシャルプラットフォーム』山脇伸介著　ソフトバンク新書
『アマゾン・ドット・コム』ロバート・スペクター著　長谷川真実訳　日経BP社

《雑誌》
『AERA』四八号　二〇一四年一一月三日発行
『NUMBER』八一八号　二〇一二年一二月二〇日発行
『DIAS』二〇〇二年二月一四日号
『Life＝旅』（谷村新司ファンクラブ向け雑誌）

プロデュース、編集　アールズ 吉田宏

桑原晃弥（くわばら・てるや）

1956年広島県生まれ。慶應義塾大学卒。業界紙記者、不動産会社、採用コンサルタント会社を経て独立。転職者・新卒者の採用と定着に関する業務で実績を残した後、トヨタ式の実践、普及で有名なカルマン株式会社の顧問として「人を真ん中においたモノづくり」に関する書籍執筆やテキスト、ビデオなどの各分野で活躍中。
著書に10万部突破の『スティーブ・ジョブズ 神の遺言』、また『ウォーレン・バフェット 賢者の教え』『天才イーロン・マスク 銀河一の戦略』（弊社刊）、『ジェフ・ベゾス アマゾンをつくった仕事術』（講談社）、『スティーブ・ジョブズ名語録』（PHP文庫）、『知識ゼロからのイノベーション入門』（幻冬舎）など多数。

経済界新書
048

20代で「その他大勢」から抜け出す名言105

2015年2月6日　初版第1刷発行

著者　桑原晃弥
発行人　佐藤有美
編集人　渡部　周
発行所　株式会社経済界
〒105-0001 東京都港区虎ノ門1-17-1
出版局　出版編集部☎03-3503-1213
出版営業部☎03-3503-1212
振替　00130-8-160266
http://www.keizaikai.co.jp

装幀　岡 孝治
組版　㈲後楽舎
印刷　㈱光邦

ISBN978-4-7667-2058-7